幻影精靈塔羅

Shadowscapes Tarot

羅佩雯
STEPHANIE PUI-MUN LAW

芭芭拉·摩爾
BARBARA MOORE

著

羅佩雯

繪

孫梅君

譯

Contents
目錄

繪者的話　縱身一躍吧！羅佩雯 STEPHANIE PUI-MUN LAW　　009

引言　　請進入這神奇的一刻 芭芭拉·摩爾 BARBARA MOORE　011

大阿卡納

0	愚人	030
I	魔法師	034
II	女祭司	038
III	皇后	042
IV	皇帝	046
V	大祭司	050
VI	戀人	054
VII	戰車	058
VIII	力量	062

IX　　隱士 —————————————————— 066

X　　命運之輪 ————————————————— 071

XI　　正義 —————————————————— 074

XII　　吊人 —————————————————— 078

XIII　　死神 —————————————————— 082

XIV　　節制 —————————————————— 086

XV　　惡魔 —————————————————— 090

XVI　　塔 ———————————————————— 094

XVII　　星星 —————————————————— 098

XVIII　　月亮 —————————————————— 102

XIX　　太陽 —————————————————— 106

XX　　審判 —————————————————— 110

XXI　　世界 —————————————————— 114

小阿卡納

權杖牌組 — 121

聖杯牌組 — 151

寶劍牌組 — 183

五角星牌組 — 213

牌陣

單牌牌陣 — 245

三牌牌陣 — 246

賽爾特十字牌陣 — 247

星星知我心 — 248

天長地久，還是曾經擁有？ — 249

維持平衡 — 250

展開旅程 — 251

來自宇宙的訊息 — 252

夢想成真 — 253

Artist's Note
繪者的話

縱身一躍吧！

羅佩雯
STEPHANIE PUI-MUN LAW

　　當我在最後一位國王身上畫出收尾的一筆，我放下畫筆，思緒飄飛到二〇〇四年六月，也就是這趟旅途啓程之時。如同「愚人」，我站在這項任務的懸崖巔頂，蹣跚徘徊於浩瀚未知的邊緣——這項自設的挑戰考驗著我的心靈，以及我作爲藝術家的技藝。而今，在七十八張畫作之後，我感到每一張牌都浸染著我人生中不可抹滅的一小部分。

　　當我跋涉於途，漫遊於造物的變幻風景，每張牌都承載著我沉思冥想的印記。薄暮時分，潛鳥繞耳縈心的啼聲迴盪在波平如鏡的馬尼圖（Manitou，位於加拿大東部）湖面，也盪進「隱士」的圖框之中。自家門階上耐心織出精細絲網的蜘蛛，也向我開示了「五角星八」中眞正的藝匠精神。而「聖杯王后」也在我的靈感陷於最低潮時舞出了生命。

我一向熱愛各種故事。神話、傳奇與童話的原型在我腦海中輪番上場，滲入我所創作的圖像中。故事就是這些牌卡的核心——有些是我自己編的，有些則是由床邊、爐畔口耳相傳的聲音蝕刻在時光中。這些故事始終是人類經驗、欲望與恐懼的表現。縱橫馳騁，無有界限。

　　當我在最後一張牌圖上簽下名字，內心交雜著輕鬆與惶恐；一方面因為能完成這趟旅程而感到欣慰，但又不禁為「從此我將何往？」的念頭而感到惶恐。空白的畫布盯著我。我遊目四顧，無限可能的空闊令人卻步。

　　但這時「愚人」衝我笑了起來，拉起我的手，引領我走向雲霧繚繞的崖邊。「再次縱身一躍吧！」她說。

請進入這神奇的一刻

芭芭拉・摩爾
BARBARA MOORE

　　在採取任何行動之前，你必須先做這件事。這副神奇的牌值得這神奇的一刻——你與它之間充滿魔力的一刻。你們必須彼此形成第一印象。每一張牌都像是一道門，能夠開啓形形色色的世界。就像是兩個陌生人在最最短暫的瞬間，一眼捕捉到對方從屋子彼端投來的目光。那個瞬間，蘊藏著如此豐富的可能性，而你與這副牌之間的兩分鐘也將會是如此。

　　拿起你的牌，可以先洗洗牌，也可以不洗，依隨你心——閉上眼睛，抽出一張牌。讀完這段文字，然後放下書本。別去理會牌的名稱和數字，只要審視牌上的圖像，將它一飲而盡。沉浸於它既繁複又簡單的美感中，久久地端詳它，直到你閉著眼睛都能想像出它的畫面。然後閉上眼睛，但仍以心靈之眼看著這張牌。走進那圖像中，想像它的觸感、氣味，以及它的聲音。去感受它。如果你想做點探險，不妨與牌中人物互動一番。觀想完畢，便再回到書本上。

許多人，尤其是初接觸塔羅者，會納悶牌卡的意義是從何而來。牌意是由許多不同的事物組合而成，而你現在知道了其中之一。你剛剛體驗了一張牌。那份體驗的意義爲何？無論它對你有何意義，那都是牌意的一部分。反諷的是，對許多人而言，這是最困難也是最容易的一部分。單純地看一張圖，然後說出它的意思，是每個小孩都會的事，但大人卻似乎感到爲難，彷彿害怕「犯錯」。直覺與情緒反應對塔羅占卜至關重要，與理智的解讀相輔相成。如你即將看到的那般，塔羅非常注重平衡——心與腦的平衡，身體與心靈的平衡。

塔羅是結構與藝術的綜合，創造出一種獨特的經驗。當全部的你——你的心、腦、身體，與精神——全副投入，你便來到了一個超凡入聖的所在。你開啓了潛藏於自身的智慧。塔羅便是以此方式協助你回答問題，並提供指引。答案和指引並非來自紙牌，紙牌只是一種工具，而答案就在你自己身上，紙牌只是幫助你看見它們。

在接下來的幾頁中，你將學到塔羅的一些基本概念，它們將提供基礎，讓你的直覺以此爲立足點展翅飛翔。此外，本篇也包含了進行塔羅占卜的完整指導。然後，你將讀到深入的牌意詮釋（由繪者本人以優美的文字親自撰寫）。這些詮釋將賦予紙牌更深層的意義，並讓你的經驗更有力量。在書的結尾，我們介紹了幾種實用的牌陣，讓你具足自行占卜的能力，去發現你所尋求的答案。

有了一整套專爲啓發靈感而創造的圖像，以及一本提供路標的指南，你即將展開一場自我發現的旅程。它們會引領你踏上道途，但將往何方則完全取決於你。

塔羅基本概念

塔羅占卜是種十分個人化的經驗。每位占卜者受到自身信念、知識，以及技藝的影響，都會形成其獨特的風格。即便是初次占卜的人，也都能與牌卡進行有意義而有效的互動。即使你再也不往下讀一個字，你也能提出問題，抽一張牌，審視其圖像而發現答案。但是你知道的越多，你的占卜將會越爲深入且得心應手。

接下來，將告訴你不同的事物是如何形塑牌意，藉以指引你發展自身的解牌技巧。此外，你也會讀到如何進行占卜的指引。請記住，塔羅占卜是很個人的，隨著你不斷練習，並累積經驗，你將會發現哪些方式對你管用，哪些則否。

創造意義

針對某個特定問題占卜出紙牌，並加以解讀，便是塔羅占卜的基礎。同一張牌在不同的占卜中出現時，其詮釋會略有差異。這是因爲有許許多多的因素都影響了牌的意義，例如：

- 你對畫面的反應。
- 你的直覺。
- 牌的標題或牌組的名稱。
- 傳統意義。
- 畫家的意圖，以及對這張牌的獨特洞見。
- 詢問的問題。
- 此牌在牌陣中的位置。

如你所見，任何一張牌的意義都是由歷史、結構、藝術詮釋、前後脈絡，以及情緒反應等因素複雜地層疊而成。

一副牌的結構

讓我們先從一副塔羅牌的結構談起。你或許已經留意到市面上有許許多多版本的塔羅牌，以及另一種所謂的「神諭卡」（oracle）。相對於神諭卡，塔羅牌有著十分特定的結構，理解此種結構將會增益你的解牌能力。

塔羅牌的結構很簡單——假定你熟悉一般的撲克牌，此二者有著某些共通點。一副塔羅牌可以分為兩個部分，稱為大、小「阿卡納」（arcana）。「阿卡納」意為「祕密」或「奧祕」，其中「大阿卡納」的部分我們將於稍後討論。另一部分，也就是「小阿卡納」，係由四個牌組構成，分別稱為「權杖」（wands）、「聖杯」（cups）、「寶劍」（swords）和「五角星」（pentacles）；而在撲克牌中則是「梅花」、「紅心」、「黑桃」和「方塊」。每個牌組都有 Ace（王牌）到十號的數字牌。接下來是塔羅與撲克牌小有不同的地方：撲克牌有「傑克」、「王后」和「國王」三張人物牌，而塔羅則有「侍衛」（page）、「騎士」（knight）、「王后」（queen）和「國王」（king）四位皇室成員（在塔羅中稱為「宮廷牌」），而非三位。

每個牌組都連結著一種元素（火、水、風、土），並代表人類經驗的某個領域。「權杖」連結著火元素，代表激情、活動與計畫。「聖杯」連結著水元素，代表人際關係、情感與創造力。「寶劍」連結

著風元素，代表挑戰或問題、思想、理智。「五角星」連結著土元素，代表資源、物質事務，以及身體。而誠如其名，小阿卡納是代表較小的祕密，或是我們日常生活的某個面向。

小阿卡納的牌面上標有數字或宮廷牌的名稱，也各有其意義：

王牌：新的開始、潛力、潛能
二號牌：二元性、平衡、關係
三號牌：創造性、出生、成長
四號牌：穩定、結構、停滯
五號牌：衝突、不確定、不穩定
六號牌：溝通、解決問題、均勢
七號牌：反思、評估、評價
八號牌：運動、力量、進程
九號牌：妥協、同情、靈性
十號牌：完成、完美、週期的結束
侍衛牌：年輕的熱忱、一則訊息
騎士牌：極端、快速、追尋、救援
王后牌：成熟、關愛、有經驗的
國王牌：領袖、保護者、權威

當你解讀牌意時，請考慮這張牌的牌組、數字或名稱的屬性，連同你的直覺，以及對畫面的情緒反應。將這些組成的每一部分運用在你最終的詮釋中——但不止於此，你的提問和牌陣位置也扮演著某種角色。在探討這些問題之前，讓我們先來談談大阿卡納牌。

「女祭司」、「命運之輪」、「死神」、「戀人」……這些牌都屬於神祕的大阿卡納。的確，有些人覺得它們很神祕，而這也是事實——它們的名稱確實有種極其玄奧且令人興奮的感覺。大阿卡納牌就是「大的奧祕」。不同於聚焦在日常事件的小阿卡納，大阿卡納代表里程碑、重大或戲劇性的事件、靈性的面向，以及超出我們掌控的事物。

大阿卡納牌被編號為 0 號（愚人）到 21 號（世界）。它們各自有個名稱，傳統上以羅馬數字來標記。儘管這些牌的意義繁複，但你可以從它們的名稱獲得某種基本的感覺。例如：「愚人」是個憨傻、天真的人，又或許有些蠢笨；「女祭司」擁有深奧的直觀知識；「命運之輪」是關於命運的變化與生命的週期循環；「月亮」則是關於夢想、陰影，以及欺騙。

請記住，當大阿卡納出現在你的牌陣中，代表意義重大的事件或經驗。當你審視圖像時，也請思考此牌的名稱，將之納入你的詮釋中。

傳統意義與藝術家的願景

在結構上的意義之外，隨著時間的推移，塔羅牌發展出了許多所謂的「傳統意義」。在本書的牌意解析部分，羅佩雯便納入了傳統上的意義。除此之外，她也撰寫了補充文字，為這些牌賦予聲音，導引你更深入體驗，理解她對牌意的願景，並且希望能引領你與塔羅建立個人關係。這些牌，尤其是大阿卡納，可能含有多層的意義，

以及看待這些意義的多重方式，因此每位塔羅藝術家都會展現某種特殊的切面。舉例而言，「大祭司」牌乃是關於傳統教育，取決於觀點的不同，可以是壓迫而窒礙的，抑或是撫慰且滋養人的。每位塔羅藝術家都有其獨特的看法，而你自身對牌的畫面、名稱，以及傳統意義的反應，又會令它更為獨特。

問題

詢問正確的問題相當重要，因為它會形塑你的答案。不過，「何謂正確的問題」本身就已十分複雜棘手，而對於提出問題的最佳方式，每個人也都有自己的想法，所以正確地提問並不是件容易的事。以下是當你設計問題時，可以思考的幾項要點。

一、別問你不想知道的事

我是說真的，請你竭盡所能想像出某個問題的所有答案，不論好的、壞的，或是不好不壞的。捫心自問，如果其中之一是你得到的答案，你會有什麼感覺？無論答案是什麼，你都做好接受的準備才能開始詢問。若非如此，就留待日後準備好再問。

二、你相信未來是天注定的嗎？

如果你想詢問牌卡的問題是關於未來的動向，那麼便可假定你相信未來是注定或命定的，你沒有自由意志，也無法影響結果——簡言之，你相信該發生的就會發生。這種信念將會影響你設計問題的

方式。你比較傾向會問：「我會結婚嗎？」而不是「我該如何吸引某種堅牢的關係進入我的生命？」

三、你相信你對未來有著全盤的掌控嗎？

這是與前者截然不同的思考模式。在這種情況下，關於未來的提問，或許可以聚焦於你能採取何種行動來創造心中所想。你或許可以問：「我怎樣才能找到夢想中的工作？」而非「我究竟能不能找到工作？」

四、你是否相信自己對未來有著某種掌控力，但有些事情卻超出你的掌控？

這是一種折衷的看法，也是一種普遍的態度。如果你相信你對自己的人生有著相當程度的掌控力，但同時也相信有些事情是你無法控制的，那麼你便可能提出不同的問題。你或許可以詢問多層次的問題，像是：「關於就業市場我該知道些什麼，又該如何找到最佳的工作？」

問問題是很重要的。它不僅反映你的信念，並形塑你的答案，也會影響你解讀牌意的方式。例如，在關於戀情的占卜中，同樣是一張「死神」牌，偏好「命運前定」信念體系的人，或許會將之解讀為關係的終結；而傾向「操之在我」信念的人，或許會解讀為停滯情況的轉機。在前一種解讀中，當事人「經驗」了某件事情；而在另一種解讀中，則是「做」了某件事情。

牌陣中的位置

所謂「牌陣」，是指占卜時牌卡的排列方式。針對形形色色的占卜，人們設計了形形色色的牌陣。本書末尾收集了幾種牌陣可供參考，你也可以購買關於牌陣的專書，網路上也找得到免費的牌陣，你甚至可以設計自己的牌陣。

牌陣中的每個位置都會被分派某種意義。例如，下面是一個簡單的「三牌牌陣」：

1. 過去
2. 現在
3. 未來

第一張牌代表過去發生的事，第二張是正在發生的事，而第三張則是未來將會（或可能會）發生的事。在此種牌陣中，我們很容易看出不同的位置如何微妙地影響該牌的解讀。

下面是另一種「三牌牌陣」：

1. 問題
2. 建議
3. 可能的結果

在此牌陣中，位置的影響就更爲直接了。同一張牌作爲「建議」（位置 2）和「可能的結果」（位置 3）時，解讀將完全不同。如果在位置 2 占出「月亮」，它可以被解讀爲「相信你的夢想」或「不

要全盤揭露」。但若作為位置3的「結果」牌，它或許可被解讀為「當心錯覺或欺騙」。

關於逆位牌

當你繼續探索塔羅，你將會見識到所謂的「逆位牌」。逆位牌是牌陣中上下顛倒的牌。也就是說，它們雖然牌面朝上，卻是頭下腳上，翻轉地呈現，像是這樣：

【正位牌】　　　　　　　　【逆位牌】

對於逆位牌，塔羅卜者有著分歧的意見。有些牌師並不針對逆位牌做不同的解讀，而只是將它們翻轉回來。也有人將逆位牌保持倒立，做出與正位牌不同的解讀。有些塔羅設計者意圖讓正、逆位牌蘊含不同的意義，便會在手冊中納入逆位的牌意。「幻影精靈塔羅」的設計者史蒂芬妮（羅佩雯）並不打算使用逆位牌，因此並未列出逆位的牌意。

如果你想要將逆位牌納入解牌的程序，你可以嘗試多種不同的技法。欲知更多相關資訊，不妨參閱瑪莉‧K‧格瑞爾（Mary K. Greer）所著的《塔羅逆位牌》（*The Complete Book of Tarot Reversals*）。在這本書中，作者講述了解讀塔羅逆位牌的多種方法。有些技法是將逆位牌如同正位般解讀，但給予特別的注意，或者將逆位牌解讀為受到阻礙或壓抑，或是將之解讀為正位牌相反的意義。

現在，你已擁有大量的資訊，可以用來為各張塔羅牌賦予意義。或許你會想要單純地花些時間與你的牌相處，端詳它們，形成第一印象，或許簡略地記下一些初步的想法。又或者你會想要繼續向前，直接進行一次占卜。

占卜

占卜乃是運用塔羅牌為問題找出答案的過程。它可以很簡單，也可以很複雜，但憑君意。在這個單元中，我們將會概略敘述一次簡單占卜的基本要素。接下來，我們會提出一些概念，你或許可以將之納入自己的占卜中，又或者可以激發一些你自己的想法。

基本占牌步驟

一、擬定問題

許多人會將問題寫下來，稍後也會將占出的牌、每張牌在牌陣中的位置，以及對該牌的解讀一併記下，供日後參酌。

二、挑選牌陣

針對你的問題，挑選一個最適於回答它的牌陣。或者你也可以自行創造一個牌陣。

三、洗牌

洗牌有許許多多方式，挑選一種你覺得最舒服的方式即可。或者，如果你喜歡，不妨自行實驗。

四、擺出牌陣

一開始，先將整疊牌牌面朝上放置，然後從頂端開始一張張排開。稍後我們將會討論這個步驟的各種選項。

五、逐張解讀

逐一解讀紙牌，推斷它們的意義。

六、將牌意整合為一個答案

綜合所有的牌，考量它們的位置，針對你的問題整合出一個有意義的答案。

※　　※　　※

就是這樣了。這是你進行一次占卜最低限度所要做的。不過，這其中還有許多變化的空間，也有各種不同的選項，能讓占卜的經驗更爲強大，也更具意義。

基本步驟之外

◆ 儀式

「儀式」並非占卜的必要部分，不過基於以下幾個好理由，你不妨將一、兩種儀式納入占卜程序之中。我們的日常生活十分繁忙，充斥著令人分心的事物，因此即便是最簡單的儀式都能夠幫助你沉靜下來，集中心神，聚焦於手邊的任務。有人將塔羅占卜視爲某種與神性的連結或溝通，開放的心靈狀態將能裨益此種溝通，將日常的邏輯頭腦稍稍消音，你的直覺心靈將更能被激活。在占卜之前進行儀式，能知會你的心靈去重新整理，進入「占卜模式」；而如果你是在爲他人占卜，進行儀式亦將有助於讓對方寧定心神、聚焦、專注，導引他們進入某種超自然的精神狀態，讓他們開敞心靈，接

收來自占卜的訊息。

　　儀式可繁可簡，隨你心意。占卜之前的儀式可以只是一個動作，或一連串的動作。以下列出塔羅占卜者常做的儀式，不妨試試其中幾種，可以單獨進行，或是組合起來，看看你對哪些最有感覺。

- 鋪上一塊特殊的布，以放置紙牌。
- 每次都以同樣的方式洗牌、切牌。
- 將雙腳平放在地上，雙手交握置於膝上，閉上眼睛，集中心念。
- 點上蠟燭。
- 播放音樂。
- 念一段祝禱詞或肯定語。
- 焚香。

◆ 洗牌、切牌與排牌

　　進行占卜之前，首先要將牌洗過，使之隨機排列。洗牌有許多方式，你可以用拇指對切翻洗，像許多人玩撲克遊戲時那樣。如果你擔心這種方式容易折彎紙牌，也可以使用手上交疊法。如果你的紙牌太長（或你的手太小），也可以使用和泥洗牌法，將所有的紙牌牌面向下攤在桌上，如搓麻將般，用手掌畫圈混洗。

　　切牌就相當直接了當了。在撲克牌局中，切牌具有防止作弊的功能，但若將之納入塔羅占卜的程序，則只是儀式的一部分。將牌分成兩堆或更多堆，然後以任何順序將之重新疊好。有些牌師會以非慣用手來進行這個步驟。

排牌則是從整疊牌中取出個別的牌，將之擺在它在牌陣中的位置。你可以從整疊牌的頂端或底部開始排牌，也可以將紙牌在桌上攤成扇形，隨機選取牌陣所需的張數，然後再將之堆成一疊，從頂上或底部開始擺出牌陣。

如果你是為他人占卜，請決定你是要自行洗牌、切牌，還是讓問卜者洗牌、切牌，或是你們兩位一起進行。有些牌師不讓其他任何人觸碰他們的牌，也有人認為讓雙方的能量都融入牌中是很重要的。

排牌時，有人偏好牌面朝上，有人則喜歡朝下，兩者各有利弊。牌面朝下排牌的優點，在於當紙牌逐一被翻開時能營造出某種戲劇性與神祕感，此外也能一次聚焦於一張牌上，而不被其他牌分散注意力。牌面朝上的好處，則在於讓你能快速掃描整個牌陣，在深入探討特定的牌之前先獲得整體的訊息。

◆ 掃描牌陣

掃描牌陣是一種簡單的技法，能讓你對牌陣所提供的訊息形成概略的認識。因為你知道塔羅牌中的各個群組都具有特定的意義，你可以將你對塔羅牌基本結構的認知納入其中。大阿卡納牌代表重大的人生事件，聖杯代表情感與人際關係，王牌代表新的開始，諸如此類。

有些塔羅占卜者還會留意其他的事情。例如：如果出現許多張宮廷牌，可能意味有太多人涉入此一局面了；騎士牌可能意味情況正

在快速變動（尤其是搭配「權杖八」）；王牌、二號牌及三號牌可能意味事情處於初期階段；四號牌、五號牌和六號牌則意味中期階段；七號牌、八號牌和九號牌則接近尾聲；而十號牌則顯示某個情境或週期的終結。當你擺開牌陣，先留意是否有多張大阿卡納牌，或是某個牌組、數字或宮廷牌密集出現。你也可以搜索重複出現且對你的直覺說話的顏色、象徵符號及圖像。

　　舉例而言，如果你正在進行一次關於戀情的占卜，出現了許多寶劍，完全沒有聖杯，另外還有幾張四號牌，那麼整體的感覺是情況可能有些不妙——問題重重，或許陷入了僵局。然後，當你逐一解讀每個位置的各張牌時，你還會再加入其他細節。

◆ 淨化

　　淨化紙牌有點類似儀式，只是它是在占卜之後進行，而非之前。這是一種象徵性的方法，在能量層面上清除不必要的影響，並將紙牌重新設定至中性的狀態。你可以整理你的牌，將它們全都翻成正立，並依序排列。焚香或焚燒艾草、鼠尾草，用這煙霧薰薰你的牌，再將紙牌和清透的水晶或粉晶放置在一起。然後在滿月的月光下，將牌放置於窗臺上（請放室內）。

◆ 撰寫筆記

　　許多塔羅占卜者會以筆記記錄他們的占卜。對他們而言，這是一種學習的工具。透過記錄所做的占卜，你可以在日後回溯追蹤，看

看你所問卜的情境結果如何。你可以審視自己的解讀是否正確，或是錯失了其中某些特定的意義。

另一種很受歡迎的筆記技法是每天（或是任何你喜歡的頻率）挑出一張牌，以這張牌為靈感自由書寫。所謂自由書寫是設定一個時限——試試從五分鐘開始——自由寫下心中所想，別管文法、拼字或任何東西，只管不停寫下這張牌所激發的任何想法。在自由書寫之後，再寫下你所知道的該牌牌意，並加入你在自由書寫時所獲得的任何見解或智慧。

撰寫筆記時，你會記下你所有的洞見、啟示，以及「頓悟」的時刻。日後你可以不時回頭重讀自己的筆記。你或許會驚訝地發現自己學到了什麼，然後又遺忘了什麼；也或許會留意到某些智慧的結晶，它們是如此睿智，而你當時卻未能領會。

現在，是時候一窺畫家的筆記本，透過她充滿智慧又優美非凡的文字，領略她精心創造這神奇塔羅牌時的所思所感。

大阿卡納

The
Major Arcana

0

愚人

The Fool

起初是某種低聲的呢喃。那蛇般的歌聲,如絲縷般纏繞著她的每一天、每一個心念。它呼喚著:*來吧……來吧……來吧……*「去哪兒呢?」她滿心好奇地問道,卻得不到回應。

　　她不理會這召喚,直到有一天,那魔幻的歌聲驟然迸發,充溢全身,幾乎要將她炸開。無可否認地,它正悸動著。「要去哪兒?」她再次詢問,而這一回,她心臟的穩定搏動便是回答。

　　「愚人」長途跋涉,從迢迢的遠方來到這座聳立於世界邊緣的山峰,然而,她的旅程才正要開始。就在她即將踮腳縱躍的一刻,在狂風令人摒息的擁抱中,她以本能的直覺感知到了。她的心在胸腔內悸動、蹦跳,以一百隻翅膀掀撲的力道,要奮力掙脫禁錮她身軀的牢籠——直到她感覺到必定肩上生出了翅膀,要由此處向前滑翔,變身,轉化。

　　*等等!不要啊!*內心一個細微、飄曳的聲音喊道,*小心!戒慎!*那聲音喝斥著,*停步!*

　　她不予理會,向前跨出,然後……

牌意

她站在一座極其險峻的懸崖邊緣，如果選擇往下跳，就只有絲帶和白鴿能撐持她。狐狸將這情景看在眼裡，冷眼旁觀著。狐狸是機敏的化身，但是聰明機敏並不意味就不會是另一種愚人。牠無法理解她即將進行的信念之躍。所以，誰才是愚者呢？是看似完全缺乏邏輯、即將躍入未知的她？還是那過分執著於現實信念的理智狐狸？

「愚人」牌象徵新的開始、冒險，歡樂和熱情。她勇往直前，欠缺考慮，輕率魯莽，順隨本能，不經思索就行動。如同牌中的愚人，你或許正站在懸崖邊緣，凝視著未知。在高高的天穹與邈遠的地面之間，只有遼闊無垠的藍色虛空。若非懷著懵懂的愚昧，對於即將來臨的可怕墜落渾然無覺，就是帶著狂野的冒險精神，以及強大的信念與認知，相信冥冥之中總有什麼能夠、也將會承托著你，引領你穿越未來的時光。對於探尋者，前方總開啟著無窮的可能性。

I

魔法師

The Magician

如同風中的一顆種籽，一根迴旋的羽毛，一粒凝結的晶塵，「愚人」悠悠晃晃，飄蕩而來，遇見了「魔法師」。愚人注視著他——這個男孩受到啓蒙，窮究自然元素的奧祕，並獲得傳授，精通了施咒、召喚與化合的祕術。

一天，愚人再也無法抗拒了，她用風之手指拂過他的眼簾；他一驚睜眼，在片刻之間看見了她。「妳是誰？」他問道。但是，噢，那精靈如此迅速地幻化爲一頭雄鹿，蹦跳著跑開了。

他追逐雄鹿進入林中，那鹿卻始終可望而不可及。他的赤足印入泥土，風在他的髮間穿梭，陽光拍打著他的肩膀。 那雄鹿發出引逗人的白色閃光，散射在青翠蓊鬱的草木間，像是嘲弄著他，著實讓人忍無可忍，直到……

雄鹿不見了，只剩他獨自一人。

在岩石上，他看見精靈留給他的禮物。那是元素的聖物，在陽光下熠熠生輝，而當他用雙手將攏近這份獻禮，感受到一股力量自其中湧出，一抹微笑在他的唇邊浮現了。

牌意

原創性、創造力、技藝、意志力、自信、機敏靈巧，以及花
招把戲。這張牌是關於攫取周遭無形的力量，並駕馭它，使
之成為實相；也就是汲取不可言、喻的事物，使之進入存有
的物質領域。魔法師之所以能運用四大元素的代表聖物：燈
籠中的火焰、貝殼中的大海之聲、烏鴉羽毛中的風之氣息，
以及樹葉所象徵的地土，是因為他知道自己要的是什麼，也
知道自己能透過有意識地行使意識、並操控世間的知識，使
之成真。

II

女祭司

The High Priestess

「女祭司」朝天空開敞自己。星光灑在她高高仰起的臉龐，她沐浴在這銀輝之中，浸淫於顫動的白熾光芒，感覺它在自己心中灼灼發光，在開啓的迴廊，舞出金銀織錦的圖案。

星子們吟誦著：

當群山還年輕，而海洋只是個幻夢時，
我們就在這兒了……
我們看過山丘在無以計數的季節遍開山花……
我們看過雲朵以一種悠緩的語言
越過千百世紀，彩繪出它們的幻想……
讓我們訴說。

貓頭鷹在黑暗中嘀叫，以夜的音樂呼喚著女主人。牠的白羽在月光下閃爍，彷彿透出曖曖光芒，滑翔穿過了黑暗，棲息在主人身邊。

暮色中，夜晚充滿了低聲的呢喃──那是星子、樹木和大地的祕密知識。精靈們各自以一種窸窣的曲調，呢噥訴說著他們的故事與智慧。

她在指間編織著這些聲音，將它們織成實體。在她指尖，一柄鑲金嵌銀的鑰匙成形了。她將貓頭鷹喚來身邊，囑咐道：「拿著它，將這些祕密傳承下去。」

牌意

意寓智慧、知識、學識、直覺、純淨、美德。女祭司的雙臂向外高舉，她的身體便成為聖杯活生生的象徵。貓頭鷹是知識的守護者，爪握鑰匙，以開啟奧祕。石榴是冥后波瑟芬妮（Persephone）的聖物，是象徵繁殖與死亡的果實。她嘗了此果的種籽，因而身繫冥府；繡在女祭司衣衫上的月亮時盈時虧，當新月和盈月擁抱在一起，便創造了完整的循環。

III

皇后

The Empress

「母后娘娘！」漫遊的精靈呼喚著，「我們給您帶來禮物了！」粉蝶在空中翩翩旋舞，飛近了「皇后」。牠們同步繪出萬花筒般的舞姿來取悅她，而她則微笑領受。她的心念，便是這首視覺交響曲的指揮者。

　　蝶兒帶來以春天新綻花朵編織的頭冠，輕柔地為她戴上。「幽谷百合與茉莉欣然獻出初綻的花蕾，作為您的冠冕。」精靈們詠嘆道。

　　「蘋果樹精獻上果實，麥田之女則致贈她的穀物。」牠們將這些禮物放進皇后的籃中。

　　以一個炫麗的花步，精靈們齊齊迴旋，然後在一陣迸發的光與音樂中旋身而去，口中呼喊著：「再會了，親愛的夫人！」

牌意

創造力、慷慨大度、耐心、愛。「皇后」是關於豐裕、體驗
感官覺受，以及擁抱自然。她是位創造者，也是「母親」的
象徵，豐饒而滋養萬物。像是懷抱著嬰兒般，她將一只籃子
緊抱胸前，裡頭裝滿大地的恩賜：果實與麥穗，以及燦爛的
花朵。她也是原初的本質真髓，是生命的化身，深深牽繫於
自然。她以藤蔓為冠，而周遭世界的繽紛色彩，就是她裹身
的衣衫。

IV

皇帝

The Emperor

「皇帝」依稀記得⋯⋯

他記得曾經有另一個男人。是他的父親嗎？還是導師？抑或是退位的老王？他不斷在腦中回溯思索，努力捕捉著。曾經⋯⋯還有另一個男人，讓出了這象徵王權的蟠龍寶球。

他還記得，當他頭一眼看見這龍球時，便為之心醉神迷——當他觸碰到它，裡頭那蟠龍的力量是如何湧過他的手臂，如何占據他的感官。*你現在是這片凡塵疆土的君王了。*這是那男人說的嗎？還是那蟠龍？而現在，他與那龍合而為一了。

「是——的。」他說，而他也知道就是如此。

牌意

從混亂中創造秩序、權威權柄、領導統御、力量,建立律法與秩序。牆面的雕飾是領土與主權的象徵符號。雄鷹飛升至山海之巔、晝夜之頂,統御著一切,而塵俗的生物則臣服於其威權。然而,儘管雕飾的意象絢麗堂皇,「牆」仍然是種人造的建構物——是人類試圖將狂野不羈的世界刻入僵凝不變的石頭,而加以控制的策略與手段;表現了人類操控、刻塑,並書寫自身命運故事的欲望。「皇帝」是一位固著於自身作風、見解與統御體制的人,但卻自信那是事物的正道與其正確的結構。

V

大祭司

The Hierophant

「給我說個故事。」火蜥蜴對大祭司說。

「那你想聽什麼呢，小東西？」大祭司緩緩吐出話語，每個音節彷彿都汲自內在深處，像是從一條條小樹根裡抽引出來。火蜥蜴習以爲常，耐心聆聽。

「我想聽聽我要怎樣才能飛。我原本很知足，但是有一天，我的毛蟲朋友說牠想睡覺，然後就睡了好久好久，久到我幾乎忘了牠。直到昨天，一隻蛾子飛過來，朝著我笑，笑聲就和那毛蟲一模一樣，然後又用毛蟲的聲音對我說，牠夢見自己長出了翅膀。」

「啊……」那宏亮的呵氣聲似乎繚繞不去。「啊，小東西，我很遺憾。毛毛蟲有那種福分，可以一覺睡去，做個飛翔之夢。牠纏繞自己的身體，編織了絲繭的儀式，然後那天到來了，這幻夢便轉化了牠。但你……」

「我也想夢見自己會飛！」火蜥蜴十分認眞地說。

「你可以做這個夢。」這位亦師亦友的老者說：「我不會否定你的神性，但你得要知道，你自身的神性必須通過與毛蟲不同的道途來成就。別放棄你的夢想，火蜥蜴。」

牌意

像株老樹，「大祭司」的根扎得極深，盤根錯節地纏繞著種種祕密、傳統和世代。他相信儀式與典禮，相信知識的追尋與深層的意義，也相信信仰體系的僵固性。他闡釋靈性的事物，並將之帶入世俗的層面。他冷靜沉著，寧定自若，是位能助人解開奧祕的導師。

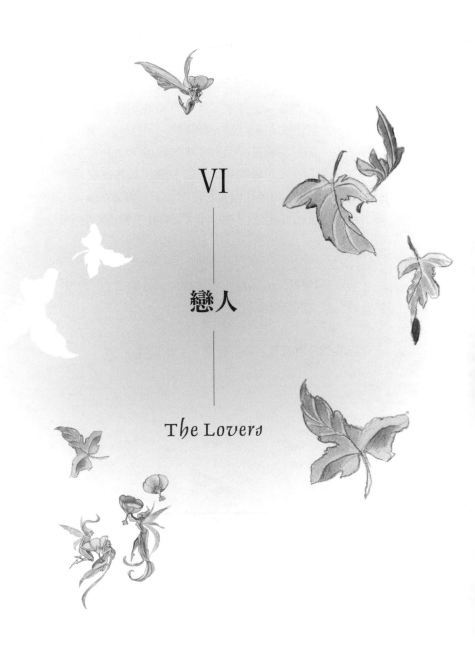

VI

戀人

The Lovers

在最最古老的故事中，訴說著這樣的「抉擇」：選擇世俗感官的知識與滿足，抑或是當下始終存在的簡單純粹。

　　投入戀人的懷抱，去尋求那種所有靈魂都為之心痛卻渴盼的結合，去體驗激情與愛戀的合而為一，並狂喜於其中。戀人睜開雙眼，卻只注視著彼此，渾然無覺於天上運行不息的太陽，以及朗朗青空的凝視。他們額上既未戴著鑲嵌珠寶的王冠，也沒有莊稼人以鮮花編織的花環，因為凝聚在兩人周圍的驅力並不做這樣的區別；的確，他們自身的感知對此亦毫無所覺。

　　「收下這顆種籽，」他將一顆橡實放入她的掌心，說道：「用妳心靈和意念的源泉澆灌它。」

　　「而我們將會看見它長成什麼。」她回答。

—— 牌意 ——

代表著結合、平衡、能量、流動、愛、欲望、激情、情感與
理智的融合、締結盟約或婚姻。雖然它在本質上可以是浪漫
的，但並非必然如此。「戀人」牌亦關乎價值判斷，以及掙
扎於不同的抉擇——斑鳩所體現的純真，對照著被蛇蜷繞的
閃亮紅蘋果（蛇，可是「誘惑」的最古老象徵）；同樣地，
海芋的潔淨單純，也與玫瑰的豐美肉感、複雜內蘊構成鮮明
的對比。

VII

戰車

The Chariot

她是生著羽翼的勝利女神，名喚「奈姬」（Nike），又稱「梅芙」（Maeve）。她倏忽而降，橫掃天際，從容又自信。她從水沫激盪的海底深處召喚出一對海之獨角獸，牠們依循天性，心悅誠服地侍奉她，俯首聽命於如此純粹的意志。炫光閃閃的巨浪，以海之威勢拍擊、怒吼，但當她駕御著獨角獸駛過那波光粼粼的浪軌時，海濤平寂沉落，化為一道平滑如鏡的光燦通道，在她戰車的魔輪底下，洶湧的海濤也被馴服了。

　　在海洋的恆常動盪中，這份異乎尋常的平靜在海的子民間引起了騷動。海之精靈低聲向海神通報，然後在一陣水光絢彩的漩渦中從海底深處舞上水面，歡迎這位女神——她那無可忽視的意志與掌控力，就連海洋野性天成的狂暴也為之臣服。

牌意

克服障礙，獲致勝利、集中意志與意圖、建立某種身份、自信、維持紀律、承擔權力與權威，並以毫不動搖的篤定向目標推進。吾人身處的世界樣貌不斷變幻，無論是人、情緒，還是周遭的環境，都是如此；變動不居的環境可能、也將會帶來挑戰，我們必須予以掌控。如同海天交會處的稀微邊界，氣體與液體推擠激盪的恆常張力總被維持著，若要馳向勝利，我們就得具備信心與知識，方能行走在那纖薄易碎的水面。

VIII

力量

Strength

雄獅怒吼，大地顫動，雲朵慌忙奔竄飛掠，而竹子卻只輕柔地搖擺。中國人明瞭竹枝隱匿的力量：看似纖弱，卻堅強而柔韌。那是一種無需對世界吶喊自身力量的堅強，而只是隨風搖擺、低伏，然後伴隨著竹葉悅耳的窸窣聲，再度優雅地挺身彈起。

獅王再度咆哮，群鳥應聲從棲處驚飛而起。少女踏步上前。她的身段苗條纖細，一如她從中現身的竹叢的枝條。一步一步，不驚不懼，緩緩走近那頭猛獸。叢林之王注視著她，她也與之四目相對。

第三次，牠聲勢驚人的挑戰之吼，響徹雲霄。向聞者宣揚牠的威勢、主權及領地。少女走到伸手可及之處，微微一笑，在她的觸摸之下，獅王那偉大的金色頭顱便低垂下來。

牌意

勇氣、冷靜、沉著與耐心、同情、勸導說服與柔性的掌控、
經過調控的力量。管理衝動以控制憤怒和驅力,而非爲其所
操控。吾人必須對成功懷抱信心,儘管它或許不會立即來臨,
得來也未必容易——獅子很兇猛,而牠守護的火焰也會灼傷
人。力量有時必須被調控、節制。唯有堅定不移的決心,才
能獲致渴望的結果。

力量的種類形形色色,有兇猛、獸性的力量,牙爪並用的蠻
力,猶如天鵝爲了護雛所激發的鐵翼捍衛;有橡樹那般穩定
的力量,萌發自一顆微小的橡實,但卻不斷生長、生長、再
生長,終成參天巨木;也有如那竹子的韌勁,搖擺著內化周
遭的外力,卻始終不被摧折。

IX

隱士

The Hermit

在城市的喧囂中，稀微的星光完全被紅塵的眩光與霧霾淹沒了。他是位探尋者，摒棄了世俗的五光十色，以及種種擾亂人心的事物。

他提起那盞燈籠。女智者曾告訴他，昔有星子墜落凡塵，而那燈火便是星星的微小碎片。它知道回家的路。那孤獨的光芒帶領他穿山越谷，來到高處，俯瞰一片波平如鏡的閃亮湖水。星光之燈標示出道路，他並不知道自己正走向何方，但是每個步伐都照亮下一步，然後再下一步，再下一步。

他攀向遠方的山巔，遠離人世的煙霾。當他退至幽境，空氣中出現了一股芳冽的清香。他不知道那就是自己一直渴念的純淨，直到初次吸嗅到它，身體彷彿爲之痛楚，似乎沒了這氣息便難以存活。在他之前，已經有人到過這兒，但那山階並無足跡，看不出有人走過的印記。這就是此地的特異之處，每位來此之人都是第一且唯一的，而在目前這位訪客被遺忘之前，也不會有人踏足於此。

這是一段漫長的旅程，而在旅途之中，他的雙眼終於習慣了荒野的黑暗。他將城市的記憶拋諸腦後，在他的燈籠中，那星子灼熱燦亮地燃燒著，而他在天上的姊妹也歡欣舞蹈著，彷彿在迴旋應合。

牌意

內省、尋求孤獨、從世俗抽離，給予或接受指導。隱士是位啓迪人心的師友，他的指導將能照亮吾人自心的祕密。原本神祕莫測的情境，在適當的光照之下，就會變得清晰澄明。潛鳥的羽翼無聲滑過天際，在夜色中投下飄忽的陰影。牠們是平安與寧靜的象徵，啼聲承載著古老的智慧，迴盪著掠過水面，奇詭地縈繞不去。潛鳥也因其對海天與森林世界的智識而爲人崇敬，所以也經常出現在印地安酋長的頭飾上。

X

命運之輪

The Wheel

故事總是這樣開場:「從前從前……」然後,就像一個綑紮齊整的包裹,來到了「結局」。

但是真正的故事無始亦無終。它們並不僅只存在於人們宣告「存在!」之時,而是始終在那兒,在一場如織的舞蹈中,穿越時空迴盪著。我們試圖用開始和結束來涵蓋它,為一切事物加上邊界,只因我們自身的生命被生與死所侷限,因此處心積慮想要削減不朽之物的力量,而真正的故事是具有超越界限威力的。

命運女神恆久編織著生命的絲線,一縷接繫一縷。這兒裁裁,那兒編編,織入錦繡掛毯。慢慢地,隨著布匹開展,圖像便顯現了。

在天體的循環中,黑夜追隨著白晝;當春天第一朵鮮花吐蕊,年歲也隨之開綻,接著是炎夏長日的燠熱豐茂、金秋的葉落如雨,然後是冬季漫長的蟄伏等待與休眠……如此周而復始,循環不息。

這是個莫可抵擋、超越時空的故事。

藝匠所創造的宮牆和美感總有一天會消失,新的建構物將在它的遺跡之上被立起。個人的命運亦復如此,任何一個人,無論在持續一、兩天或經年累月的循環中,變化都將來臨。

牌意

命運之輪——天命——生命的絲縷交織匯聚，代表著宿命、
轉捩點、運行與變化、模式與循環，一個相互連結的世界。
牌面上，彩繪玻璃窗的結飾圖案是由一條金線環繞輪軸串織
而成，無始亦無終。巨輪運轉的升起與沉落，亦如同生命的
變化。如果你感到世界似乎正以其重量擠壓、碾碎你的希望，
何不後退一步，觀看更大的圖像，以及即將到來的揚昇。

XI

正義

Justice

古埃及人相信，當亡靈被死神召喚，就會被帶到「瑪特」女神（Ma'at）面前接受審判。瑪特以羽毛作為砝碼，在天秤上稱量此人的靈魂，如果斤兩不足，此人就會被打入冥府。

　　有人說「正義」女神是盲目的，但事實並非如此。她雙目白熾，並非由於眼盲，而是放射著純白的真理。她看穿肉身軀殼，剝開層層情緒、幻象與覺受，直入人心──這兒居住著未受桎梏的覺知，無可躲藏。她代表「業力」。靈魂化為蝴蝶在她身邊盤旋，而她則將羽毛橫舉胸前，如同一柄長劍。

　　她以嚴格的是非黑白來做出判斷，而非自身的偏見，或是「可能、大概、或許」的灰色地帶。一切事物都如其本然──公允無私，不偏不倚，正當公道。當真正的正義被評斷出來，某種平衡便被完成了，而先前未獲公正調解的事物也得到了平反。

牌意

意寓平衡、和諧、均衡、承擔責任，在做決定之前權衡方方
面面，以充分的覺知做出抉擇。「正義」有賴於合乎邏輯的
心智，能對各種情境做出客觀的判斷，並對需要重新評估的
事物加以調整。權衡是非、道德與責任之後，為了真正平衡
雙方，或許必須做出妥協，然後接受，並承認真相。抽到這
張牌，代表你必須理解自身行為的結果，及其與周遭所有事
物的關聯，並以此為出發點，訂定未來的路線。

XII

吊人

The Hanged Man

在霧氣氤氳的森林深處，他將指尖探入紅土，然後在自己的皮膚、胸膛、手臂和臉上仔細描出圖案。那紅色的螺紋將他的心靈引入深邃冥思之所在，心念在此化爲行動，諸神在此以寂靜之聲與他對話。

當靈魂中的那份靜默臻於絕對，他站起身來，邁步向前。當他走近，林中的精靈凝視著他，默默地見證、致敬。他們試探地伸出手，觸摸他聖潔的肉身，然後飄落在他的足印之中。帶著肅穆的莊嚴，一行人來到了巨大的橡樹之前。

「吊人」做出了自我犧牲的抉擇，心甘情願地走向自己的命運，放開掌控，爲了這明知而爲的犧牲可能帶來的報償忍受著。長春藤攀上他的身軀，將他的形體纏繞在樹上，直到兩者合而爲一。長春藤象徵決心，以及人類精神無可摧折的力量與意志。

呼應這份信念與犧牲的行動，仙子們收攏翅膀，將自身託付於輕風，從樹上的棲處自由飄落。

牌意

放手，臣服於經驗以及情緒的釋放。接受事物的本然，並放棄掌控。暫停行動，甚至做出犧牲。如同大神奧丁（Odin）為了追尋知識，將自身倒吊於世界之樹「伊格卓希爾」（Yggdrasil），吾人必須願意捨棄自我，以獲得至高的報償。「吊人」同時敦促你逆轉自己的世界觀，用全新的眼光看待事物。有時我們必須改變對世界的覺知，才能體驗心靈狀態的微妙移轉。

XIII

死神

Death

傳說天鵝終其一生都是沉默瘖啞的，然而，在臨死之際，牠會唱出令人心痛的美妙歌聲。那歌聲自牠胸腔中偷出最後一口氣息，然後牠便在最終的嘆息中斷氣。那是最最令人心碎哀慟的生命終曲。

　　然而鳳凰的歌聲……啊，那是天鵝之歌無法比擬的。當鳳凰看見死神招手，便會揚起嗓子，唱出一首痛楚、撕裂而哀傷的悲歌，卻掩藏不住最最強烈的喜悅，因為牠知道，當那火焰舔上牠的心口，熱力將會喚醒牠的卵，裡頭睡著的是牠的繼任者。死亡火焰便是那卵的生命火花，彼此糾纏，無可分割。如此，牠連結著牠的前任，再前任，再再前任，直到時間之始。牠端坐在窩巢之中，在死亡之榻上，臣服於無可逃避的命運之手。當火焰燃燒至灼熱熾白，牠便展開雙翼，吐出最終的氣絕之歌。

牌意

請對過往闔上門，並另啓一扇新的門戶。代表將經歷轉變與
過渡，改變狀態，蛻去老舊與多餘的，臣服於無可抗拒的力
量，或將有勢不可擋的變化。老舊的事物必須被擱置一旁，
並被焚燒去化，才能爲新的事物讓出路來。古老的鳳凰傳說
在許許多多文化中都被一再重複、呼應。牠是死亡、重生與
生命，壓縮包裹在同一個象徵之中；而牌中的鳶尾花（iris）
也連結著死亡，因爲與它同名的艾蕊絲是古希臘的彩虹女神，
她是諸神的信使，乘著彩虹來到人間，將女人的靈魂引領至
冥府。顛茄（deadly nightshade）是種劇毒的植物，象徵欺
騙、危險與死亡；而蘇模（sumac）在維多利亞時代的花語中，
意味著「我將安渡改變」。

XIV

節制

Temperance

她聚精凝神，向內探索那寧定的中心、那平衡的所在。從自身的核心，她感覺到蟠龍與鳳凰不住地騷動。牠們相互纏繞，鱗羽交纏地擁抱著，直到彷彿融入了彼此。牠們蜷繞著對方，在一場互爭高下的永恆戰役中，跳著某種施與受、吸與斥的優雅華爾滋。那龍鳳繞著她盤旋飛舞，成為一個巨大的漩流，襲擊著各種感官。就像是位藝術大師，她凝神靜觀，一旦感覺到任何失衡，便約束一下這個，或制衡一下那個，始終維持著和諧。

天與地，火與水，雌與雄，夏季的溫暖滋養和冬日的寒風摧折：這些相對的事物，在陰陽輪轉的無盡推擠中遞嬗，完美地相互平衡。事實上，它們是透過全然相對之物的存在，而被賦予了定義和目的。

若沒有水，火便會不受遏抑地肆意狂飆，燒光一切，最終在可怕的烈焰中焚盡自身；若沒了火，水便會黯淡無光，淹沒萬物，四處氾濫，直到成為一灘沉寂停滯的虛無之鏡。透過界定彼此的界限，兩者都被灌注了生命，並受到調節而能滋養萬物，在恰到好處的平衡中共存共榮；因為一者太過，另一者便會被窒熄。

牌意

和諧與均衡、平衡相對之物、療癒。節制極端的事物、自我
克制、約束絕對的驅力,並箝制、駕馭它們,將之運用於某
種目標。將相對的事物分離開來,便否定了它們合一的力量。
反之,若是牽合兩者,以某種受控的方式將之融合,並瞭解
彼此的賜贈,便能創造出某種美妙的化合。有些時候,分隔
二者的僅只是一道信念之牆。保持靈活圓融,明瞭看待世界
的方式不只一種,將大大有助於打破這道無形的藩籬。

XV

惡魔

The Devil

她感覺石牆正在逼近、包圍自己，渾然不覺自己實際上並未全然被封鎖——兩旁開展著遼闊的世界，天空正以美與自由的歌聲呼喚著她！但她卻恐懼地縮藏腦袋，被石牆與鐐銬束縛著；儘管綑綁她的僅是一條豔紅如血的細繩，而鑰匙也近在咫尺，伸手可及。*「抬頭看看哪！」*你不禁想對她呼喊，*「抬起雙眼，看看四周！」*

　　但她充耳不聞，除了「惡魔」的聲音，什麼也聽不見。她只聽見、只感覺到惡魔在上方跳舞，驅策她，煽惑她，壓迫她。*「嗒！嗒！嗒！」*牠的雙蹄舞躍著歡快、嘲弄的節奏。*「嗒！嗒！嗒！」*牠的雙蹄踩踏著願者上鉤的誘人舞步。*「嗒！嗒！嗒！」*牠笑著、跳著，洋洋自得於能如此輕易便擄獲一個生機蓬勃的靈魂。

　　「抬頭看看哪！」那微弱的呼聲穿透了岩石，滲入她的身軀，終於，她伸出了手。

牌意

喪失獨立性、上癮、被奴役、陷溺於物質面、過度耽溺，選擇留在黑暗中、歡愉，肉慾和欲望。感到被「無望」包圍，限縮了選項。「惡魔」以純熟巧妙的手腕玩弄你的慾望。唯有看穿物慾的圍堵和誘惑，方能掙脫那操控傀儡的繩索。

XVI

塔

The Tower

一顆種籽隨風飄墜，輕輕沉落土中。它抽根發芽，茁長成一棵小樹。歲月輪轉，它生長又生長——起初是一株纖弱的幼苗，逐漸煥發出鮮綠的生命光彩；歲月再輪轉——它向天空伸展，雄偉又莊嚴，挑戰著蒼穹；歲月又再輪轉——它成為巨樹中的巨樹，生意盎然的枝幹和綠葉有如鬼斧神工，是大自然滿懷愛意的傑作。

　　鳥兒飛來，棲息在它華美光燦的枝頭，喜悅地歡唱。陽光的熱力、風的湧動，以及無垠的天空，都是激發這歌聲的靈感。男男女女來到樹下，酣睡於天鵝絨般光影掩映的樹蔭中，夢見流水、家園，以及柔軟的深色沃土。即使在隆冬之際，它那茂密穩固的枝葉網絡是如此茂密穩固，遂成為旅人的避風港，為任何行經此處的困乏人獸提供庇蔭。

　　歲月不停輪轉，巨樹已經在這兒好久好久了，根深柢固，盤根錯節。它的枝枒觸及了天穹，輕拂著星子，撫觸著月亮。它的根條深入大地，纏繞著地底深幽處震顫的脈搏。

　　然而，在某次輕浮的轉念下，大自然撤回了她的禮物，就像賜予諸多恩典時一般輕易。可怕的雷電之矛從天而降，一道美得炫目的熾熱電光，以致命的弧線投射而下，一顆微小種籽，在數個世紀呵護下長成大樹，卻在頃刻間便被摧毀。

巨樹被劈開。
白熱地燒灼著。
斷裂成無數碎片。
在此一擊的震顫下，大地戰慄著。

牌意

災難、遽變、危機、釋放一切情緒、小我遭受重擊、揭示、啓悟，看透幻象。現狀的某種必要的崩解——爆炸性的暴烈動亂，是打破長久確立模式的唯一途徑。苛酷粗暴的現實之手摧毀了幻想。對過往做出乾淨而決絕的切割。是到了重新檢視信念架構和既有觀念的時候了。

XVII

—

星星

—

The Star

少女的腳步踱著銀輝，滑過銀色的溪水。燦亮的銀白星光，將夜色蝕刻在銀光閃爍的波紋中。

沒有太陽，也沒有月亮。萬籟俱寂的漆黑夜裡，只有星星的尾跡如鑽石般閃耀在天穹的絲絨毯上。銀河之水流洩天際，如同星光針芒聚合的瀑布，少女沿此路徑邊舞邊行，來到天河與地界的銀燦溪水匯流之處。

凡她所到之處，水、土和空氣都化為單一的元素。踏足於此，或泅泳於彼，都不要緊；她想要它是什麼，它就是什麼。

她跳著舞，腳步如此輕盈，只在水漾的舞池盪起微乎其微的漣漪。她跳的是星子們在凝視地球的千年萬載中，編排的舞蹈；對它們見證到的灼熱靈魂而言，那是種無聲的致敬。它是人類生命的舞蹈與流動，凝聚為一種痛苦之美的純粹精髓。那是化為視覺形式的「希望」。

她伸屈肢體，搖擺，弓身，躍上難以置信的高度，應合天頂群星無聲脈動的節拍。她迴旋的身軀濺灑出一片如飛瀑般的微細水滴，每顆水珠墜地之處都緩緩冒出開花的卷蔓。

少女終夜舞蹈不倦。雖非凡人，她的整個存在都體現著人性。當黎明的曙光輕拂東方天際，少女裹緊她的銀色斗篷，眼中突現一絲疲憊，卻也閃爍著凱旋的光芒。她踏上緩緩收攏的銀河絨毯，返回星子姊妹身邊。群星在夜空中閃著微光，等待下一個良宵，再次翩然起舞。

牌意

「星星」代表重獲希望，以及對未來的信念、靈感。在你寧靜的本體內找到那寂然不動的所在，試著在苦惱中找到平靜與和諧，毫無保留地給予、分享，展現你的慷慨。炙烈的陽光消逝了，就連月光也隱沒，只剩下星子們不帶批判的安詳眼光。那兒有種平安，有個休養生息的空間，讓吾人做好準備，揚昇精神，將疑惑與恐懼統統釋放至夜的懷抱。星星向來是希望與指引的象徵，是引領你回家的光；鯉魚擁有強韌的生命力，象徵心靈的力量、堅毅、勇氣與決心；菊花則代表長壽，亦為希望的象徵。

XVIII

——

月亮

——

The Moon

你們這些小靈俑，在月光下製作著青綠酸澀的小環圈，令羊兒不敢啃嚙，而你們的消遣則是在半夜裡種蘑菇……

——莎士比亞，《暴風雨》第五幕第一場
（Shakespeare, The Tempest, Act V, Scene I）

太陽闔上了警醒的眼睛，白晝投射於世界的嚴酷粗礪被抹勻、塗消了。月亮升起，高掛在她的領地上空，窺視這半邊世界裡開始潛動的生靈。在那柔軟的銀浪中，蘑菇精靈圈閃閃發光。隨著時間流逝，暮色四合，蘑菇變得越來越亮，以自身的燐光為精靈女王照亮道路。

「她往這兒來了！」風中的妖精呼喊著，聲音如此曼妙，令凡人聞之渴慕發狂。「讓路！讓路！」燐火飛快地穿梭林間，閃爍發光，挑逗過往的旅人，引誘他們走上歧途。不過今晚並沒有人類玩具可供捕捉。樹精們從灰色的樺樹間現身，手牽著手，抖落葉片，輕盈地走上前來，為冉冉而來的女王擔任侍從。當精靈女王淩虛滑步，穿過森林，銀蓮花在她赤裸的腳下躍動著。她微微一笑，翩然起舞。

讓路！讓路！
夜晚在掌權；
引領這舞蹈，驅離那白晝！
以瘋狂的歡愉，來聽我們歌唱：
這兒沒有悲傷，也沒有沉悶的思想，
沒人隱藏祕密，也沒人追尋祕密，
因為編織在那精靈圈裡的
只有狂野的恣意。
讓感官展翼飛翔！

牌意

恐懼與焦慮、相信幻覺、扭曲失真的經驗、追逐白日夢、夢想與幻象，迷失方向。妖精擅於幻術，而踏入蘑菇精靈圈的危險人盡皆知。「月亮」是超越已知、舒適而可預測的境域。它是個異世界，本就令人敬畏，也能激發靈感，但對心存不敬者卻是危險可畏的。恣意妄行的旅人很容易被燐火誘惑，走上歧路，在森林中迷途；但若能保持心中一點靈明，對日照的現實邊境之外的一瞥，將會是最稀有的榮寵，最激勵人心的魔法。它是通往隱祕未知的門徑，從中滲流出黑暗與光明交融的源泉。那就是「月亮」的贈禮。

XIX

太陽

The Sun

一道搖曳的流金劃過天際，太陽升起了。它是白晝的明星，在拂曉的灼灼光華中，逐退了稀微的星光，令蟄居黑夜的星子姊妹們羞怯退場。

當一波波迷濛的晨霧從漉濕的土地升起，百鳥之王從酣睡的棲處現身。在黎明暖融融的薔薇光暈照映下，牠的羽毛閃現著虹彩。鳥王的夥伴登上背鞍，一人一鳥從他們的領地上空飛馳而過。他們飛過谷地，聽見農人的歌聲自田間揚起。鳥王振翼高飛，翅尖若有似無地掠過最高的山峰，逗弄著山巔。

成群的飛鳥——那白晝的子民們——尾隨飛翔，是一列歡愉的扈從。牠們漫漫飛過天際，追隨著太陽行旅的弧線，朝西方地平線翱翔而去。

從休耕的田地和蒼翠的河谷，
從鋪著鑽石微粒、被陽光漂白的海岸，
以及如葉脈般延伸的月光小徑
穿過山間、河流，越過天涯海角
彼處天空僅只是一層朦朧的薄紗
超越那山外之山，水外之水……

我召喚所有生著翅翼的羽族
從這端的地平線
飛往夢境的邊界！
那禁忌的歌聲
將盤旋穿繞，匯聚合一
降落在牠們歸屬的所在！

牌意

「太陽」象徵啓迪、領悟、榮耀與卓越成就；也代表生命的持續更新、充滿光燦的喜悅與能量、灌注精力，以及良好的健康；還意指滿懷自信與信任、視見澄明、目標明確、被晴朗的日光照耀。從古至今，太陽始終是生命與成長的象徵，在諸多文化中都化身爲生氣蓬勃的男女神祇──青春光燦、充滿活力與耀眼的光輝。這些神祇的精力與能量，以太陽滋養萬物的光熱源源傾注。

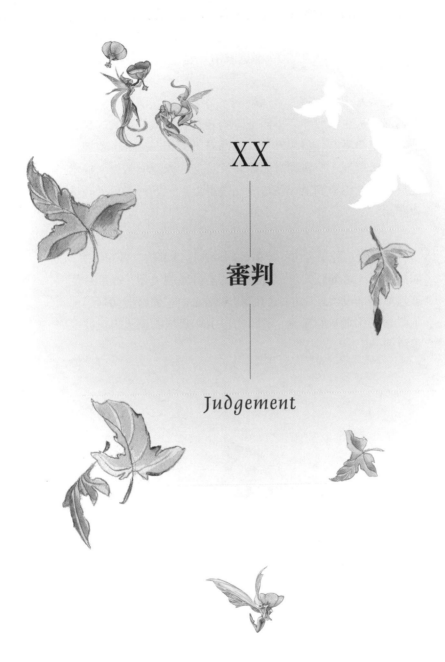

XX

審判

Judgement

當「審判日」到來，天使吹響號角，發送眞理的召喚。所有的靈魂應聲甦醒，攤開一生的所作所爲，供眾人檢視、審判。讓靈魂被燃燒的光與火徹底滌清，變得純淨無染。

　　每個人都會走到這麼一個時刻，必須做一次清算，評估剛剛過去的人生階段，以不偏不倚的心及對自我的誠實，來認清、評定自身的作爲。每項行爲都有其後果，或好，或壞，有些該被獎賞，有些則需要懺悔和寬恕、滌清與贖償。揭過此頁，方能轉換到下一個階段，獲得新生，如一張白紙般重新開始。

　　紅罌粟是沉睡與死亡的象徵，有時會作爲獻給亡者的祭禮。如鮮血般，這豔紅的色彩將田野沁染得燦爛美麗。從那片生意盎然、搖曳著紅金花朵的遼闊原野之中，蝴蝶振翅飛起，承載著羽化飛升的靈魂。廣闊的自由和無垠的藍天，在彼處等待著。

牌意

釋放、解脫與更新、赦罪、嶄新開端的清新鮮活、新的開始。
做出審判吧！儘管它可能十分嚴苛，且難以面對，但做出抉
擇是必要的。請堅持那些決定，承認那份需求，並且寬恕。
復甦，是生與死之間的奧祕，當天命之聲召喚你向前邁進，
請聆聽那無容爭辯的召喚，並依之而行，你就會明瞭什麼是
必須完成的。

XXI

世界

The World

「世界」的脈搏如漣漪般波動迴盪，肯定著它所承載的一切生命，以及流逝而過的所有死亡。每片葉子、每棵樹木、每個生物——從最最微小的昆蟲，到鳴鳴而歌的巨鯨——當它們出生、死亡，周流不息時所編織的圖案，全都由一位偉大的指揮家整合起來，以那單一的心律共同地震顫著。那是一種異中求同的美妙和諧，是平衡的真髓，是種種歧異部分的統合。

她將洞察之冠輕輕戴在額上，再將真理之環繫在腰間，然後探入內在，感覺那聯繫著一切生命的生之脈流，而她自身也連結其中。她觸摸它，感覺它就像是心中一個有形的實存，纖柔卻強健。那閃亮的連結之網從她心中延伸出去，直入蒼穹的乙太。然後她以心靈向外伸展，向上，如此高遠！她感覺自己與飛鳥合一，體驗到翅肌迎風伸屈以維持平衡的舒展與緊繃，感受到陽光親吻大樹向外蔓伸的枝葉，感受到千年萬載以來水滴在岩石上的緩慢刻蝕。

沒有過去、現在或往後，因為這心跳起搏自宇宙的第一個火花，未來也將持續跳動，直到時間終結。這是個永恆的「當下」時刻，而那閃著微光的連結之網，在她的血脈中光燦熱烈地搏動著。在那一瞬間。她心中靈光乍現，明白自己是有福的。

牌意

代表滿足與安心、一個成功的收場、終點在望。達到平衡，融混並調和多元多樣的生命之歌，以獲致協調、整合。「世界」是一張象徵目標實現與繁榮興旺的牌。它是一種完成的狀態——雖然要獲得它，過程也不乏一份投入與煩勞。當吾人的目標終獲實現，會有一種空闊之感，在時光中安靜止歇的一刻，內心充溢一股終極的滿足。那是奇妙而珍貴的一刻，辛勤完成工作後終於夢想成真，宛若尋獲童話故事裡承諾的那份神祕寶藏：心之所願。

小阿卡納

The
Minor Arcana

權杖牌組

Wands

權杖連結著火元素

權杖王牌
Ace of Wands

———— ❧ ————

這是創造的可能性、興奮刺激,以及冒險;一份挑戰,要我們以勇氣與信心邁步向前。

將權杖堅實地插入大地,看見它發出灼熱的紅光。如同星星之火迸上火絨的反應,靈感從那光照中萌發。精靈與仙子從棲處被引出,在一般的光線下,他們會隱匿著,與樹木、枝葉、石頭和天空毫無二致;但在這靈光之下,他們悄悄溜了出來,伸展翅膀,感覺到某種事物正在開展。一個火花被點燃了,一項挑戰被悄聲宣告,一項邀請在這破曉時分被遞送出來。

一旦引燃,火是無法預測且難以控制的。它是不受遏抑的能量,能夠延燒成燎原的野火。 把握這狂野的機會,在這火焰中燦爛發光吧!

狐狸、貓和獅子是屬於火的生物,也是權杖的守護者。牠們閃耀著聰敏機智的火花,有著敏捷的身軀,在世間衝馳飛掠,並燃燒著生猛強烈的精神火焰。

權杖二
Two of Wands

    她俯瞰腳下這片山河大地。這是她的領土，滿載她的臣民，而她如同世世代代的先祖，從這個制高點統治著視野所及的一切。有一瞬間，她的視線模糊了，看見被賦予這份權力的自己，在未來的年月間可能成就的願景。終於，機會來了，可以讓夢想開花結果，將長久以來對這片土地的想望化為現實。她知道自己必須緊緊握住權力的韁繩。在她為子民刻畫的道途上，她必須果敢、篤定，堅毅而不動搖，因為只要她稍現軟弱，就會有人迅速撲上，取而代之。

    她的雄獅夥伴明白自己作為萬獸之王的地位。牠體現著勇氣與權威，雄踞山巔，無畏地向下俯瞰，睥睨著任何膽敢挑戰的人。牠抬起強而有力的頭顱，將火焰般的蓬鬆鬃毛向後一甩，吼聲響徹山谷，彷彿是以獅吼標記領土最遠的疆界。

    「權杖二」是個人力量與影響力的標誌，也象徵權威和勇氣。現在是勇敢創發的時候了，不要畏縮閃避必須去做的事。但同時也要當心，不可陶醉於權力，而讓心智和判斷力受到蒙蔽。

權杖三
Three of Wands

這座石橋延伸至世界的邊緣,下方的臺階召喚著勇敢好奇的人們,踏上階梯,展開旅程。它的弧形跨越天際……然後戛然而止。她站在橋緣,思忖該何去何從。天上陽光晃眼,凝聚成一道閃爍的光之彩帶,照亮蜿蜒的河流,蝕刻出下方遙遠的峽谷。在如此高處,空氣有種結晶般、超越時間的質地。大氣中充滿了靜電,滋滋放著電光,如同她感受到的一切潛能,在此處及自己體內等待著她。每次呼吸都令人興奮、震顫。

她看見前人遺留的拄杖。那些在她之前走了如此遙遠的人,或許是對下一步感到畏怯,就此折返。她僅駐足片刻,無視腳下,然後邁步向前,踏上看似一片虛空之處。然而就在此時,她感覺到堅實的岩石在足底成形。她恍然明白,這整座橋都是由前人的腳步與夢想構築而成的,於是深吸了一口氣,開始踏出自己的腳步——再一步,再下一步,那橋開始在她的腳下生長、延伸。

「權杖三」邀請你去探險,探索未知的領域,拓展你的視野。建議你對形勢採取長遠的觀點,並表現領導力。

權杖四
Four of Wands

　　春天來了，繁花盛開！玫瑰放送甜香，邀請著仙界的居民。東方的獨角獸「麒麟」成群向前飛躍，令大地震顫。牠們聽見這份召喚，引領仙界的群眾展開這場歡慶的馳騁。空氣中的寒意不再，但這只是暫時的緩解，僅能享受片刻，接著就得展開更為偉大的工作。在此之前，必需好好把握這段時光。

　　這群報春的使者舉起了喇叭，號角聲迴盪天際，融入晨光。暖風捲繞在鬃毛和翅羽之間，並一路尾隨相伴。牠們越奔越快，直到世界成為一團模糊的色彩，然後，隨著一聲歡快的呼喊，牠們縱身躍入空中，飛馳掠過天際。

　　「權杖四」要我們歡欣慶祝。初步的成功帶來了希望與喜悅的氛圍，和諧與平安確然可期。然而，一旦獲得這份繁榮，也必須善加維持。花些時間歇息、享受，但同時也要做好準備，繼續當初成就此一境地的工作。火苗必須維持不熄，需要持續餵以燃料，好讓火焰續燃，不致熄滅，成為餘燼。現在就請你擺脫種種限制，擁抱這大好時光賦予我們的自由吧！

權杖五

Five of Wands

————— ❦ —————

在獸群最前方，野兔奮力衝刺，掠過岩石和樹木，鑽進了樹叢。牠的腳爪倏忽閃逝，腎上腺素在脈管中急速奔湧——那生猛鮮血的搏動，追逐者也聞嗅到了。牠們追蹤著若隱若現的模糊足跡，被這氣味引逗得發狂，爭先恐後，前仆後繼，在奮力追逐間，幾乎攀爬到彼此背上，甚或從杖頂飛撲而下，在空中瘋狂縱躍。各自為己，互不相讓！

他衝鋒進擊，投入這場斑紋毛皮的激戰。群獸竭盡所能地阻擋他，彷彿只是為了衝突的快感。就像頂著一股強大的湧浪逆流泅泳，他的肌肉和肺臟灼燒耗竭。偶爾，內心有個微弱的聲音慫恿著：「躺下吧！就讓爭鬥的浪潮淹過，消逝。」但是不成，這麼一來就會被踐踏在潮浪底下。他毫不動搖，亦不猶豫，感到自己的脈搏因這衝突的興奮而升溫。他正經歷一場逆勢的抗爭，得越過活生生的障礙。他自覺有點像是那隻野兔，掙扎著要殺出重圍，找到避風港。

在「權杖五」，有時彷彿這世界在你的道途中設下了重重障礙，而這些次要的障礙聚集起來，也會變成一道難以逾越的高牆，但還是要奮發振作，讓被腎上腺素喚醒的身心起而應戰。不要懷憂喪志，重振精神回應這份挑戰，你便能領略面對困境時，被激發出的未知力量。

權杖六
Six of Wands

———— ❧ ————

他站在象徵王者的石獅頂上，意氣風發地宣告自身的優勢。就連那獅子都闔起巨顎，對這位勝利者俯首稱臣，安靜而順從地蹲伏著。

他以君王手握權杖的姿態握著柱杖，並高舉桂冠。他知道自己的本命星正在上升，絲毫不懼任何挑戰。他看過眾多挑戰者來來去去——有英勇的騎士，也有愚昧的；有想以智計取勝的機巧之人，也有隨從眾多的名士貴冑，更有虛張聲勢而毫無眞才實學的浮誇之徒。但從來沒人能勝過他。

他對自身的實力與能耐深具信心；他高傲自負，睥睨一切，深信世上無人能與己爭鋒。然而，他也是一路過關斬將方才嶄露頭角，贏得如今的地位——或許，那個終將擊敗他的挑戰者正枕戈待旦，伺機而動，等待時機一舉擊倒這位過度自信的君王。

「權杖六」象徵勝利與凱旋。吾人已取得優勢，克服諸多障礙，拔得了頭籌。但我們必須當心，無人抗衡的勝利可能帶來傲慢與怠惰，別落入這陷阱，也不要迷失於自負與自滿之中。

權杖七
Seven of Wands

　　雌狐張牙舞爪，與一頭獾對峙著。幾隻幼狐瑟縮在她蜷曲尾巴的保護下，緊張地觀戰。這兩個死敵不斷繞著彼此打轉，掂量著對方。這兒咬上一口，測試對方反應的迅捷；那兒撲擊一下，迫近對方的防衛圈。雌狐咆哮著向前進襲，因爲她有幼仔要保護，而她斷不會辜負牠們！對幼兒的擔憂令她心焦如焚，她的行動乃出於必要，而非僅只是勇氣；這是一種如此全然無我的行動，去除了思考與合理化的糾結，益發顯得英勇。這份單純的信念，使她以一種熾烈的力量，勇猛百倍地奮戰著。

　　牌中的權杖乃是竹枝，象徵力量與堅韌。竹枝纖細而柔軟，能在風中擺盪而不被折斷。它頑強地生長，向四面八方冒出大量的幼筍，以競逐陽光與空間。

　　「權杖七」代表採取某種立場，去捍衛你所相信的事物。這個世界充滿了衝突與激烈的競爭，當困難來臨時，我們必須有勇氣去面對，在疾風之下勿被摧折，而要像竹枝般柔韌搖擺。憑藉信心和勇氣，看似無法超越的橫逆也能被克服。

權杖八
Eight of Wands

———————— ❧ ————————

　　她以木杖探路，一步步向前，攀登至頂峰。那發光的花球，在山徑兩旁搖曳著蕾絲般的葉片。她憶起一位童年友伴將這花球喚作「願望」，摘下一朵，迎風吹送成千上萬顆種籽，便能將那願望播送出去。這些細小的種籽飄得越遠，願望成真的力量就越強大。

　　她彎下腰來，摘了一朵花球，吹一口氣，將那細微的種籽送上天空。對這朵可愛的花兒而言——它是如此精妙地開成了這樣纖巧美麗的玲瓏球體——這是個終結，卻也是新生的開始。種籽隨著野風迴旋遠颺，它們受到混沌律則的擺佈，但卻憑著上天賜予的輕盈游絲，依循大自然所賦予的目的航行著。飛颺，遠遠飛颺，然後飄落下來，長成一棵強壯的大樹！

　　朝向某個目標，「權杖八」是一次漫長旅程的開端。一項偉大的事業正要開展，它帶著希望與動能，朝著豐碩的報償飛馳而去。

權杖九
Nine of Wands

哨兵居高臨下守望著，始終保持警覺，一刻不懈怠。他們是永恆的守衛者，防範著潛藏於深淵之中未知的敵人——那兒是世界的邊緣，或許只有光影和雲霧，但他們從未冒險越過雷池，去親眼探查，只知道自己被派來守望，時時將目光凝聚於西方——當每個白晝消逝時，日光都會從那兒隱沒。

當最後的暮光返照，綠色的閃光向太陽道別，會有什麼東西從夜晚的深淵中悄悄攀出？我軍的武力能否抵擋其進襲？他們尚未被考驗過。每一天，當暮色褪轉為漆黑時，他們等待著那無名的敵人，目不轉睛地盯著西方闇黑的夜色，思忖今晚會不會就是敵人來襲之夜。當太陽的熱力灑在肩上，士兵很容易意氣昂揚，自覺高大威猛，因而能全神貫注，但要在寂靜的暮光之中保持警醒，卻變得困難許多。然而，他們始終忠於職守，因為他們知道，自己總有一天會被需要。

「警覺」是「權杖九」的關鍵詞。敦促你儲備力量，時時做好準備，防範任何不測。請務必保有力量的核心，而更為重要的是，明瞭那份內在力量的本質，因為在考驗來臨之前，我們所擁有的能耐有時並不顯而易見，尤其當挑戰來得不如預期快速或頻繁之時，我們很容易就會鬆懈下來，失去警覺。保持那份敏銳度，可能是所有挑戰當中最為困難的。

權杖十
Ten of Wands

那重擔貌似一個微型的世界，由樹精揹負著，沉重的結構壓彎了她的枝椏。對於居住在這些小塔樓中的生靈，她有責任支撐他們，照顧他們的福祉，用流經她枝葉的生命汁液滋養他們。那穿過層層葉片、從她的心臟盤旋而上的歌聲，便是他們的靈魂。但灰冷的寒氣滲入她的根部，這個重擔越發難以承受。她向上撐挺，迎向太陽，汲取能支持她渡過黑暗時刻的暖陽之火。

權杖的火焰低低悶燃著，那一度熊熊燃燒的爐火，現在似乎只剩下餘燼。需索與依賴是如此浩繁！她奮力挺身，試圖讓自己昂起頭來，去撐持那創造與滋養的核心。

「權杖十」象徵透支、過度承攬、承擔令人透不過氣的重擔、被賦予重任，或是以艱苦的方式行事。儘管她引以為己任，但在她枝葉間生活的小生物，或許並不需要時時去關照和滋養。然而她還是慷慨付出，心甘情願地揹負這重擔，因為她知道自己的內在擁有承擔的力量，並能因此滋長茁壯。

權杖侍衛
Page of Wands

———※———

音樂是人類的共通語言。

——亨利·韋茲沃斯·朗費羅（Henry Wadsworth Longfellow）

　　懷著信心與孩子般的喜悅，她奏著樂器，播送她的信息。抑揚頓挫的音符在迴盪的旋律中舞動，交織出一首自信而篤定的樂曲。那昂揚的節拍表現出明快的節奏，令聞者難以抗拒。她微微一笑，自知已成爲注目的焦點，因爲森林裡所有的生物都聞聲而來，空氣中洋溢著興奮的激情，以及令人無法喘息的奔放歡欣。

　　從蒼穹碧落到幽冥地界，
　　從碧海到藍天的子民，
　　都來到我身邊！
　　我召喚所有生靈齊來聆聽：
　　聚集到這兒來！
　　不論是奔跑、泅泳，還是昂首跨步，都快快到來！

　　「權杖侍衛」熱情洋溢且富有創造力。她聰敏機智，魅力十足，勇於表述自身的信念。她清楚自己的想法，總是直率地表達意見。她或許是位教師，熱切地想要傳達自己所擁有的知識精髓；她也是積極進取的熾熱火花，善於創新，挑戰發掘你的內在，追求那可能有點嚇人卻蘊藏無窮潛力的機會。事實上，將你推至舒適圈極限的行動，有時也會爲你帶來極爲豐厚的報償！她告訴你，與其默默渴盼，不如起而力行，行動才是最重要的。你是否聽見她的歌聲縈繞耳畔？是否聽見伴隨那悸動之聲的甜美誘惑呢？

權杖騎士
Knight of Wands

～

「權杖騎士」意味著改變，以及朝著某個目標前進。他勇敢無畏，充滿熱情，精神熾烈如火——也就是權杖所象徵的元素。他的獅子坐騎和狐狸隨從也都有著鮮明斑斕的皮毛。當這隊耀眼的人馬馳過林間，就如同火焰一般閃耀發光。山風如漣漪的手指梳理著他的頭髮，這種愉悅的感覺，以及胯下雄獅收縮伸展的肌肉所蘊藏的力量，都令他開懷歡笑。

這騎士正在進行一場冒險之旅，興奮的氣場沿著他的足跡流動、飛颺。他所到之處總會挑起競爭與衝突，雖然未必是他主動挑釁，但或許是緣於他趾高氣揚而自信滿滿的態度。他強勢進取的天性，有時可能被視為過度自信，過於衝動莽撞。

這位騎士擁有灼熱如火的獅子心，以及狐狸捷如星火般的機敏，卻不見得具備了與之相稱的智慧。他魯莽地在世間橫衝直撞，英雄式地躍下懸崖峭壁，朝目的地急馳而去。當他馳騁而過，是一幕多麼令人讚嘆的英勇景象啊！天命、信念，以及目標的純粹，令他眼中閃耀著沸騰的光芒，因此他或許未曾留意，在他莽撞衝馳的道路上可能踐踏的花朵。小心！別讓這位騎士的狂野性情與火熱能量，帶來紛爭和干擾。

權杖王后
Queen of Wands

狐狸毛皮的火焰斑紋，在她周圍的樹影中來回竄動，牠們和樹林中的其他居民都被王后的豎琴樂音吸引出來，一齊注視著她。在日正當中的天光下，她仍閃耀發光——她的臨在就像是白熱的火焰，放射著精神層面的溫暖。「權杖王后」的手指在琴弦間飛舞，她擁抱著這棵樹——這樹的精靈是她的聽眾、她的樂器，同時也是她活生生的權杖。

「權杖王后」專注、迷人且深具魅力，總是活潑愉快而樂觀積極。她明瞭身為王后的角色，並以完美從容的篤定來扮演它。她習於成為被注意的焦點，並明白這是恰如其分的。她所到之處皆流露出信心與洞察，知道自己能夠掌控一切人事物。這並非傲慢，而是一種單純的瞭解，以及對自身能耐的忠實評估。然而，她的魅力很容易被轉而用於欺瞞、操控等黑暗目的，她小心提防著這種誘惑。

當她一現身，全世界都為之著迷，安靜地聆聽、凝視她，沐浴在她輻射的光輝中。當她的雙手在顫音、滑奏，以及快速的連奏間穿梭舞動，那活生生的豎琴盡情吟唱出她奔放的生命熱力。

權杖國王

King of Wands

———— ✤ ————

他高舉權杖，如持火炬——那光與火的引路明燈。或許他自己便是那盞明燈，胸中燃燒著火焰，額上的王冠灼灼發光，整個人閃耀生輝。他舉起那熾熱的火炬照亮道路，邁步向前。大地震動，森林中的居民盡皆退避，樹木也向兩旁退開，抬起枝葉為他開道。周遭的景物隨他的意志而變幻，無不遵從他未曾開口的心意與指令。

「權杖國王」深具感染力，擁有無可抗拒的魅力，致使整個世界似乎都依循他的心意、順服他的意志。他是靈感的泉源，從容自在地肩負著威望，彷彿與生俱來。那是因為他本然的元素「火」，在體內熊熊燃燒，在他的血液中、聲音裡燦然發光，並灼燒他目光所及的一切。

這位王者內心擁有獅子的精神：驕傲，威猛，強勢主導，毫不懼於追逐自心之所欲。他以萬獸之王的自信、力量與敏捷，優雅地躍起行動，他勇敢無畏，面對冒險從不退縮，也從不遲疑地踏上布滿風險的新道路。

聖杯牌組

——

Cups

——

聖杯連結著水元素

聖杯王牌
Ace of Cups

᯽

　　它是那最初的水滴，落在平滑如鏡的湖面上。有個幾乎無法覺察的漣漪開始暈散，逐漸擴大成環圈。那是個小小地震的輕微聳動，透過海水將那震顫向上傳播，而以拍擊在遙遠岸邊的碎波告終。那是情感、愛與同情、親密與調諧的最初騷動——這顆蘊藏潛能的小水滴，將匯入一條由人類所有情感之微滴融混而成的河流。細流涓涓流淌，終將匯入一片情緒翻攪的汪洋。

　　「聖杯」牌組中的平靜水面就像是一面占卜鏡。探入那清澈如水晶的深幽之處，留意自心直覺的抽痛，然後舉起杯子，深深飲盡。這盞聖杯，閃耀著領悟與內在知見的光芒。

　　水底的居民——魚族和古老的海中精靈，都是這聖杯的守護者。他們以流動的優雅在海洋深處穿梭洄泳，生活在永恆律動的舞蹈中。月亮的盈虧牽扯著潮汐與海流，或漲或落，而這些居住在海洋懷抱中的子民，全都感受到這種節奏在自己的血脈中微微悸動。

聖杯二
Two of Cups

———— ❦ ————

　　這是水、土與風的融合，是元素的煉金術。色澤豔金如聖杯的魚兒，結伴悠游於水中（抑或是在空中滑行？）。一雙樹精纏繞彼此，編織成一個如同周遭空氣（或海水？）般流動的擁抱。他們是靈魂伴侶，身軀扭絞爲一，構成一個堅實的樹幹，但也保留著各自的特性與色彩。

　　如同太極陰陽的和諧漩渦，他們在一種統合的流動吸斥中彼此旋繞，共享一盞金杯。「喝吧！」其中一人低語著，遞上了金杯。

　　「我接受。」對方回應道，接過了金杯。他們一同深深啜飲，那共飲的汁液向下流淌，滲入樹根。

　　另一盞聖杯岌岌可危地立在一條向外延仲的樹枝上。他們似乎未曾留意，儘管一旁的精靈和風精凝神注視著它。現在它立得還算穩，但是隨著樹木生長，當枝葉伸展、舒捲，綻花盛放，那杯子是否仍能挺立依舊？還是會翻覆在地，傾出杯中的玉液瓊漿？

　　「聖杯二」是關於建立聯盟、連結，以及夥伴關係。它意味著整合對立面，以及結合的潛力。它也是某種關係，就像個活生生的有機體，「關係」會成長、發展；體質強健的會成爲穩定的支柱，而虛弱者則會逐漸消散，甚至被遺忘。

聖杯三
Three of Cups

　　有一首歌蟄居在海底。它潛伏在海床的裂隙，隱匿在鯨魚的歌聲與海豚的嘶鳴中，出沒於暗礁與洞窟之間。然後，每隔許久許久，就像是個在地殼底下逐漸膨脹的氣泡，勢不可擋地鼓脹、迸發，往海面竄升而去。

　　深海的賽倫（Siren）歌妖一直在等待這一刻。當她們感覺到那訊號透過水波顫動著，傳送到海水的每一個角落，便聚集在一起展喉吟唱，為那海洋之歌編織和聲與協奏。她們的朱唇吐出漣漪，銀鈴般的笑聲，蕩漾出滑奏與顫音。水域歡欣的震顫，召喚著海中的居民，形形色色的海洋生物一湧而出，尾隨著賽倫的餘波。

　　所有海中生靈在水中泅泳的律動，構成了一曲優雅的波動之舞，強而有力地削切著浪濤。海洋流動的舞樂衝破水面，歌聲迴盪至遼遠的天穹。

　　「聖杯三」是對歡慶與歌舞的召喚。友誼是關鍵成分，此外還有夥伴關係、對他人的仰賴，以及發展社群和團隊精神。

聖杯四
Four of Cups

　　她向海面游去，當她接近水面，波紋顫動了起來；接著，她衝破了水與空氣的界限，攀上岩石。海水從她的髮絲和肩膀淌下，她一甩尾，抖落一弧閃亮的水珠，如鑽石般，水花在空中閃閃發光，然後消失在海面之下。

　　她躺在那兒，屏息靜氣，一動不動，直到確定沒人跟著她。誰會尾隨她呢？海中居民的心與眼都只爲水底的世界而設，但她無論如何還是等待著，要確定自己是獨自一人。她厭倦了他們，厭倦了海底無休無止舞動的生存方式。

　　她所激起的漣漪漸漸平復，水面再度波平如鏡。在光線與色彩的無縫漸層中，天空的藍色融入倒映的水藍。有一瞬間，她的心遁入了夢幻的沉思。頭一次，她看見了自己的倒影。她被自己的美麗所懾，這並非出於虛榮，而是一種發現的著迷。

　　她凝視水中倩影的雙眼，它們本身便像是小小的兩泓秋水。她伸手觸碰那水中的美人，而對方也回視她。她的指尖接觸到鏡面，乍驚之下，那影像碎裂成一圈圈漣漪。

她吃了一驚，這才意識到自己並不如原先以為的那般遺世獨立。雖然海中的居民任由她自行其是，風妖精卻趁她恍神之際悄悄挨近，專注地端詳她，饒富興味地模仿、嘲弄著她。突然間，她逐漸變乾的皮膚感覺到空氣的寒意，讓她渴念起海水與族人的撫慰懷抱。

　　「聖杯四」意味著自我耽溺、內省、過度沉溺於自己關切的事務，並迷失於白日夢中，對其他任何事物的覺知都黯然消褪，整個世界似乎變成了灰色。但你若能將目光從自己的倒影移開，就會發現外面世界的豐富多彩。

聖杯五
Five of Cups

她艱苦跋涉，越過沙丘，每一踏足都沉陷沙中，以至於當她到達水畔時，雙腿痠麻作痛。她走向海岸的盡頭，雙手緊捧著那半滿（半空？）的水缽，生怕它會從自己麻木的指間滑落，在岩岸上摔個粉碎。

她腳下的海水冷冰冰的，浪花拍打著她的腳趾，帶來一陣蝕骨的寒意，令她遍體發虛，顫抖起來。她以為是海風拂過她的肩膀，而未留意那其實是精靈的撫觸。他們用溫柔的手指輕撫她的頭髮，在她耳邊低聲寬慰；但她是如此專注地沉浸於自身的苦惱和悲傷，幾乎毫無所覺。

她將希望送往海的那一邊。當它們乘著白船揚帆啟航，她思忖著這些盼望是否能實現，而歸返之日又是何時。

她用自己的淚水填滿那缽，當淚珠滑落臉頰，她感到一種近乎感官的快樂。她想像有一條魚游過那些淚水，游過那空缽裡的空氣，並不受縛於液態或氣態。然後，她將那鹹澀的貢品安放在地，置於其他水缽之旁。

「聖杯五」沉浸於悔憾與失落之中。它是對歡愉的拒斥、感悲傷懷，以及對原本可能發生卻未能實現之事物的悵惘追想。

聖杯六
Six of Cups

　　她沿著小徑悠然漫步，直到抵達目的地。在她挑選的地點下方不遠處，一條小溪汩汩淌過河床。她將桌子和茶具擺設妥當，準備接待賓客——首先是自家的玩偶朋友們，有著閃亮的鈕釦眼珠，以及絲線縫成的微笑。

　　接著，較為害羞的訪客開始從樹林的陰影與坑谷中悄悄現身：空中的風妖精，來自下方清溪的水妖精，樺樹、山毛櫸和橡木的樹精，以及地底的土妖精。他們是女孩一直在等候的嘉賓，她快活地招呼他們。她那唧唧喳喳的天真話語，還有那顆尚未被「必定是」的界線和「不可能」的定義所桎梏的心靈，深深吸引著他們。在她的世界，魚兒不被溪水束縛——能在清淺水路上方的空氣中悠游來去；而對於茶桌邊接受款待的林中夥伴，她就如同對待布偶好友們一般，竭誠歡迎。

　　精靈女王走上前來，仙界的侍從們向後退開，但女孩只微微一笑，斟了一杯茶，笑著遞上。

　　「聖杯六」喚起我們孩提時代的純真、良善的意圖、高尚的衝動，以及單純的喜悅與歡愉。然而，這並不意味著過度多愁善感，而是敦促我們憶起童稚眼光的開闊心胸，並掙脫由於生活與責任的複雜羈絆，久而久之籠罩著我們的侷促狹隘。

聖杯七
Seven of Cups

———— ❦ ————

　　她的理智迷失在雲霧中。當她仰望空中的城堡，雙眼閃爍著星星的光芒，心思的清明卻被月亮所蒙蔽。她的身心飄忽浮動，落腳之處岌岌可危，但她卻毫無所覺。在急切中，她或許會一不留神踏錯腳步，從立足的高處墜入雲封霧繞的深淵。山風興奮地騷動著，冽冽拍打著她的頭髮和衣衫。

　　與此同時，男子則較為踏實。當她凝視著那漂浮夢境的幻影，他的目光卻注視著懸崖邊上的城堡——雖然難以到達，卻也並非全然不可企及，儘管地圖上的神祕符號是如此晦澀難解。他明白，嚮往遙不可及的事物，會有多麼痛苦。

　　但她卻不。「看哪！」她慫恿著，手指在他肩頭撫摩，催促他聽從自己的心意，去仰望空中的城堡。他心不在焉地點點頭，試著不去理會那個念頭：「要是我們真能抵達那座漂浮的城堡……？」並繼續鑽研魔法師贈與的地圖。

　　「聖杯七」是關於沉迷幻想。你有太多選項可供揀擇，但有這麼多可能的路徑，反而讓任務變得令人卻步。欲望太多太多，有些是在現實的範疇之內，其他……則未必如此。有些是明智的行動方向，其他則只是唱著賽倫女妖的誘惑之歌，可能引人走上毀滅的歧途。可能性是無窮無盡的。

聖杯八
Eight of Cups

———— ❧ ————

啊！海中的探尋者，向下潛泳，潛至海洋深處，沉入蔚藍的水域；水色如此幽暗，脈動似地閃爍著黑珍珠的虹彩光澤。劃過層層水波，噢！真理的探尋者，以輕盈柔軟的身軀，滑過湧流與逆浪，迴避來自上界的陽光，那太過銳利的光輝令人目盲。如同深海生物的纖微冷光，有些事物，只有置身於水底幽暗的異世界，瞳孔放大之後才能看見。深深地潛下去，海洋的探尋者！

「聖杯八」召喚你去探索、追隨內心，尋求個人的發現與解答。迴避、脫離那物質的世界，去追求靈性。遠離銳利的線條和鋒緣，還有那刺穿乾燥空氣的粗嘎號角。大海的擁抱更為柔軟而銷魂，並與漣漪和海流親密相連。海水軟化了外界加諸感官的襲擊，讓一切變得平緩而流動。

「聖杯八」閃爍著一抹來自遙遠上界的太陽微光。點點光芒滾落到海水的深處；那墜落的閃光和亮澤驅使你上前，捉住其中一片。現在，是放下的時候了，讓一切疲乏困頓如漣漪般消褪，沒入碧波之中。

聖杯九
Nine of Cups

❧

　　就在他的指尖，一切心之所欲全都觸手可及，就像魚群的豔金色澤般紛飛迴旋。大群游魚以陣陣勃發的精力翻滾旋游，以一道狂亂的弧線劃過水波，直到魚身群集的團塊似乎要將海水也擠出這個空間。

　　流線光澤的魚身擦過他的皮膚，帶來某種感官的愉悅。牠們唱著生命的喜悅之歌，以及富足豐裕，凡伸手探索者皆可發現、獲取。世界沉醉於它自身的美，慷慨地賜予歡樂。當魚兒一齊在水中迴游、旋轉，如同一個有機的整體，而非千百隻個別的生物，那魚群形成的漩渦竟有種優雅。牠們如此和諧地悠游著，就像一支精心編排的舞蹈。

　　魚兒象徵健康、繁榮和好運。「聖杯九」以感官悅樂、滿足和心願的實現來慈惠你。未來是篤定的，豐足的獎賞可望亦可及。

聖杯十
Ten of Cups

　　海水在身周迴旋。波浪的頂層已被陽光親吻過，海水溫暖而誘人。他們漂浮在那流動的擁抱中，被心中閃耀的輕盈承托著。就像兩顆迷你的攣生恆星，兩人被對方的重力所牽引，繞著彼此的軌道運轉不休。在這心願得遂的時刻，外面的世界不復存在。他們什麼也不缺，不需要任何外物或他人來讓此刻完整。儘管如此，在這對愛侶和周遭一切生靈之間，卻有著某種連結。

　　魚群翻攪的水泡形成一個碩大的漩渦，泡沫在他倆纏結的肢體周圍令人暈眩地迴旋著。他們的喜悅向外輻射出一輪晶瑩發光的保護罩。魚兒是豐裕和繁盛的象徵，牠們在湛藍的深海中悠遊來去，鱗片就像燦亮的黃金般熠熠生輝。這狂喜的一刻，這看似永恆而終極的滿足，是真實不虛的，但它必須被培育、滋養，否則很容易便會像分散的魚群般，滑落至海底深處。

　　「聖杯十」乃是寧靜與平安的終極實現。成功與幸福終於如願以償——那是一種全方位的心滿意足，而非只是某種身體或物質的享樂。家庭的支持與緊密連繫，對於享受這份生活的福佑是至關重要的。

聖杯侍衛
Page of Cups

她穿波越浪向下探潛，想要獨自一人，尋找一個遺世獨立的安靜所在，沉思冥想。她帶著一盞金杯，滿溢著捕捉自上界的陽光精髓——距離她自己的世界，那是如此高遠的境域啊！金杯中裝盛著許多微小的火花和閃光，那是金幣的碎片，又或是迷路的陽光，得以穿越千噚的海水，漂流下墜，直至海床。而這一切都被粹煉成她手中的珍寶。

她將金杯捧近臉龐，感受記憶中陽光親吻波浪頂層的溫暖。熱力迴旋著穿透海水，伴隨著平靜安詳的卷流。那輻射的光熱觸動了她的思緒和想像，她感覺自己的心開始漂移，心靈之眼充滿了奇異夢幻的影像。

「聖杯侍衛」多愁善感，骨子裡是個不折不扣的浪漫派。在這個充滿噪音與喧囂的世界，她渴望能有時間和空間去單純地呼吸，並真正領略那些俯拾皆是的樂趣。她聆聽來自內在深處的寂靜聲音，那聲音正以領悟與直覺傾訴著，而她渴望去相信那些難以置信的奇思異想。

聖杯騎士
Knight of Cups

———— ❧ ————

那獨角獸是大海的孩兒，出生於悸動的泡沫和波流中，隨著狂野的浪潮一同湧動。唯有心靈純淨的人方能觸及這樣的生物，更別提騎乘在牠的背上。「聖杯騎士」是牠永恆追尋的伴侶，在這場不可思議的旅程中，他倆都是獨一無二的。

他是圓桌武士，追尋著聖杯。「聖杯騎士」是個浪漫派，追隨自我心靈與情感的引領。他是位藝術家、音樂家暨詩人，雙眼能望入幽渺不可見的想像境域。他也是位理想派的唯心主義者，單憑物理法則，是無法阻止他恣意馳騁於波頂浪尖的。

「聖杯騎士」依循自己的夢想，讓直覺在旅程中導引他。海妖精和浮沫般的風精靈告訴他，遠在已知地界之外有著種種奇觀；他渴望跟隨精靈們去親眼看看。黃金聖杯體現著他所嚮往的完美。他深知若能保持忠誠正直，並遵循自心所述的真理，終有一天他將嘗到杯中的瓊漿。

海浪翻攪著騎士奔馳而過的尾跡，他不知道、也不在意那蔚藍的波濤底下潛藏著什麼，而只看見閃耀在飛濺浪花中的美。

聖杯王后
Queen of Cups

————— ❧ —————

「聖杯王后」的存在本身便是一種創造性的聯結核心。她是行動的詩歌，是想像的化身。她能夠在變幻不定的湧浪上舞蹈，協同整個世界和周遭的一切生靈，跳著永恆的生命之舞。

王后留意自己的直覺，並追隨自心。她聆聽星子的低語，深知它們比地球上任何生物都要睿智得多，因為從海洋還年輕的時候，它們便已見證著這個世界。

儘管她的腳步看似隨機而恣意，其實她仰賴著某種深植內心的知識，並從海洋的浩瀚深淵中汲取力量。海中的耆老——海龜，那海洋的智者，成群結隊排波逐浪而來，歡欣鼓舞地加入她，在夢境般的世界裡一同泳動。一切都在流動，一個元素融入另一個。那是潛意識游移不定的景致，與現實界的物質實體相互重疊。這是創造與藝術表現的本質精髓。

在本能的引領下，她契入了那個異世界，在同氣相投的親密交流中找到了喜悅。換作他人，即便也能理解這種同步感應，但從她的位置只消踏錯一步，便意味著墜入百丈千噚的無底深淵。但「聖杯王后」則不然，她繼續跳著舞，被無盡的蔚藍大海和天空擁抱著，而在海天交會之處，沒有一絲界縫。

聖杯國王
King of Cups

———— ❧ ————

　　他睿智賢明而通情達理，深知忍耐的精義。如同隨侍在側的海龜，這位國王沉穩安詳地領著路，穿越浩瀚海洋深處變幻無常的不確定性。他研讀蝕刻在海龜殼上的圖案，汲取數世紀來隱匿其中的知識，並隨著每次呼吸，飲入周遭海流所涵藏的禮物。國王所到之處，海水變得平靜而溫馴，湛藍的湧流閃爍著寶石般的清透。

　　海馬象徵海神波賽頓（Poseidon）的神力，洋溢著大海永不倦怠的力量。牠是種有耐性的生物，順隨著海流，以自己流暢的步調滑過湧浪。然而，牠的優雅卻也披掛著外骨骼的棘刺盔甲，那繁複精巧的構造不應被低估，因為雄性的海馬乃是青年的守護者。

　　如同海馬，「聖杯國王」也是位守護者。他關心並護持著周遭的所有生靈，提供療癒的水泉供人啜飲，並施予關懷和同情。他寬容而有耐心，並理解周遭人群的方方面面和一切需求，都必須獲得平衡。他的訊息是：讓那水波流過你的脈管，滌淨你的心靈，卸除你的重擔。

寶劍牌組

Swords

寶劍連結著風元素

寶劍王牌
Ace of Swords

寶劍雙刃開鋒，它能以正義的篤定迅捷地劈削斬刺，清除隱匿真理的障礙；它能運用才智與公正之心來獲致澄明，作為指路的燈標；或者，它也可能在盛怒之下，以蠻力的傲慢咄咄揮舞。這是此種武器所體現之力量的一體兩面——兩種截然不同的方式，去運用力量，在世間行使吾人之意志。

現在，某件事物正要開展。八風迴旋，匯聚凝集，以召喚天空的守護者——縷縷雲卷、精魂，以及披羽的眾生。有物自那旋渦中升起，將驅使「寶劍王牌」的二元性，以此種或彼種方式揮舞劈斬。

那是空氣中的精靈，是寶劍（風元素）的守護者：天空中羽族的生靈。天鵝很美——牠擁有柔絨的白羽和纖細的頸項，以優雅的弧形屈曲著——但那優美是種表象，包裹著一副強健的身軀，以及不畏挺身抗爭的剛猛性情。天鵝會為了自衛而奮戰不懈，而當牠展開那雙強而有力的羽翼，將能御風飛行千萬里。

寶劍二
Two of Swords

———————— ✤ ————————

　　他橫劍當胸，攔路而立，阻擋膽敢接近的人。他披著斗篷的身形冷酷執拗，氣勢儡人。他拔劍擋道，鋼刃閃著森森的寒光。「誰敢越雷池一步？」他喝問，雙眸和白牙閃著微光，彷彿像是那兩道劍刃的反影。他站在那兒，如同鑄造寶劍的精鋼般堅硬難折。林中的精靈在他身旁的樹叢中瑟瑟抖縮。那森冷的鋼刃、那冷酷如冰的身影，令他們退避三舍。

　　「寶劍二」是一種膠著的僵局，一種相持不下的困境。雙方都不願妥協，因此直到有一方選擇退讓，毫無進展可言。它是一種鎖定步伐的均勢，是一種奇異的舞蹈，力圖在寸土不讓的狀況下找到些許優雅。這是對真相的否定，迴避某種清楚在你眼前或藏在內心深處的事物。

　　「睜開眼睛！」天鵝敦促著，獻上了一朵花。那是罌粟，象徵沉睡的死亡——當冥頑的障礙無法被撤除，生存就會變成如此。

　　「敞開心胸！」天鵝敦促著，同時守護著那顆悸動的寶石。那是一顆紅熾的心，當人們只想獲取卻不願付出時，它便會寂然靜止。

寶劍三
Three of Swords

———— ❧ ————

在此，天鵝高貴的力與美為背叛所擊倒。牠以沁血的淚水悲悼心靈的創傷。天鵝絕非無助的生物——牠會勇猛保衛自身或幼仔——但在這兒卻毫無掙扎的跡象。或許，牠是在坦裸自身作為獻祭，卸下防衛，獨自踏上祭壇。令牠倒下的，莫非是苦惱與悲傷？

「寶劍三」有著傷痛和心碎，以及寂寞、疏離與孤立之感。無人伸出援手，或是施予撫慰。在這最最需要援助的時刻，每個人都遺棄牠了嗎？這世界拋棄、背叛了牠，對美的毀滅袖手不顧，無視於某種脆弱情緒狀態的撕扯煎熬。

克服那傷痛吧！心的啜泣或許是種必要的滌清。讓苦惱折磨慢慢枯涸，把污血滌淨，然後揚起雪白的雙翼，再度與藍天共舞。

寶劍四
Four of Swords

———— ❧ ————

　　她的肢體安放成死亡的姿態，但這並非最終的安眠，而只是休息與復元的時刻。她的心自由地浮動，漂流在冥思的乙太中。她閉著雙眼，但卻以另一種眼光看見。她將寶劍緊握胸前，劍身有個眼睛的印符，向內看進她的心，又以一種明晰，望入周遭的世界——那種澄明，是她在這自我放逐與內在沉思中所力求而來的。

　　蓮花與她一同漂浮著，象徵靈性以及思想的純淨。蓮花出淤泥而不染，被湖水所淨化，美麗的花朵探出水面，沐浴在陽光中。它們是活生生的隱喻，代表靈性真理的追尋者，粉紅色的蓮花尤其是啟悟的象徵。

　　她冥思時頭部枕靠的寶劍亦復如此，彷彿刺穿了不確定與偽飾的迷霧，到達某種寧靜安詳的境地。然而，這只是暫時的休整。她緊握寶劍，心中明白仍有許多磨難要去面對；她深深呼吸，將蓮花的芬芳銘印心中。一旦休整完畢，她準備好要拔劍出鞘，回到充滿衝突與爭鬥的世界——或許這回她的心神將澄明許多。

　　「寶劍四」敦促你花些時間休養生息。閉上雙眼，在自我的核心中，找到那如如不動的所在，內在的力量就在其中，來日便可從那儲備之所汲取力量。

寶劍五

Five of Swords

黑夜褪去，朝陽以血染般的曙光劃破天際，戰號隆隆震碎了大氣！闇黑天使拔出寶劍，加入戰局。幾隻黑天鵝伴隨著他，浸淫於自利與權力的爭鬥中，不再閃耀著其他同類的純白羽光，而是泛著黑珍珠般的烏亮光澤，閃現某種闇黑之美。牠們朝天空發出嘶嘎的挑戰，享受著即將來臨的衝突。

黑天使如箭矢一般破空而來，一心一意專注於目標。為達目的，他犧牲了誠正的人格，一門心思都聚焦於自身與生存上。

但任何衝突總會有輸贏兩方──兩者並存，一體兩面。那黑天使會是何者呢？他會是那凱旋的勝利者，還是被擊敗的一方，被逐出天堂的家，潰逃而去？他所揹負的交叉雙劍，令人聯想起「寶劍二」──這是在否認可能的挫敗，還是在否認投身之役的是非曲直？他的目的，能否合理化散落在劍鋒過處的裹傷布？

「寶劍五」是傾軋不和與利益衝突的訊號。羅列的選擇容易令人圖利，並關切自身的利害，感覺就像全世界都聯合起來對抗你。或許某種較為寬廣的世界觀，將能淡化此種感受。

寶劍六
Six of Swords

　　當他闔上迷濛雙眼，依稀覺得有雙溫柔的手將他扶上柔絨的羽背。他感受到那天鵝翅肌的收縮，筋骨的屈伸，然後，當牠騰空而起，則是一下微微的顛簸。他感覺自己的四肢癱軟，元氣蝕損，意志枯竭。天鵝載著他升上高空，而他則蜷縮如胎兒，緊抱牠的脊背，安心地讓牠帶著自己高飛、遠颺。

　　天鵝終夜飛行，似乎毫不困倦，彷彿不知疲憊為何物。牠的雙翼有節奏地搧拍著，那穩定的力量，以及緊貼他胸腔底下活生生的溫暖心搏，似乎將些許精魄滲入了他的毛孔，瀰漫充盈於全身。當曙光將試探的手指伸入天空，他終於睜開眼睛，看見遠遠下方快速閃逝的景物。大地似乎如此遙遠，很難相信這樣一個小小的世界能夠製造出怎樣的苦惱、憂懼與磨難。幾隻烏鴉在他們身旁嘶嘎喧鬧，但他對那噪音充耳不聞，而將目光轉向前方。當雲開日現，他便能看見天鵝正將他送往何方。他微微一笑，用指尖新生的力量擁緊牠的脊背。

　　「寶劍六」是某種脫離困境的遷徙，是從困苦磨難中復元的機會。這個令人迷惑的世界變幻無常，或許會導致消沉沮喪，你必須找到方法，從中超拔出來。

寶劍七
Seven of Swords

———————— ❧ ————————

　　他將臉孔藏在面具之後，遮掩自己的本性，並頗爲得意地竊笑著，因爲他設法在天鵝的守衛下盜取了一柄寶劍。他以爲那天鵝懵然不覺，實則不然，牠正用一隻眼睛斜睨著監視他。牠已經識出、且知曉了他的眞性。

　　幾隻黑鳥盤旋飛落，側身挨近他。「你弄到了什麼？亮晃晃的玩意兒！閃閃發光耶！」牠們被他手中陰鬱的劍光所吸引，七嘴八舌地盤問道。他轉身背向牠們，因爲他就是最機敏的那隻黑鳥，能從岩石中拔出寶劍。

　　「寶劍七」代表某種逃避責任的企圖。他是謀奪非分之物的竊賊，卑鄙地想把一切據爲己有，並對企圖染指之人虛與委蛇。這種世界觀的後果，將會帶來疑懼和不安，因爲一個人如果連自己都不值得信賴，又爲何要冒險相信他人？欺騙將會滋生猜疑和悲觀的心態。

寶劍八
Eight of Swords

———— ❧ ————

　　荊莓巫婆住在黑莓叢間，那莓果香甜誘人，但就連葉片都生滿邪惡的倒刺，一鉤住人便牢牢緊纏。嬌小的蜂鳥能輕易棱巡於如此險惡的纏結之間，十分從容地飛掠窄小的縫隙，穿梭閃避重重棘刺。但那天鵝的優雅高貴，以及牠雙翼的寬闊弧幅，並不適於如此糾結多刺的通道。

　　那天鵝並非頭一個受到巫婆誘惑而遭殃的受害者。這老妖婆收集了一堆骷髏頭，全都是自以為憑著傲慢蠻力便能征服一切的犧牲者。如同包圍著睡美人的魔法迷林，引誘了數以百計的英勇騎士死在棘叢的懷抱中；妄施的臂力並非總能披荊斬棘，克敵致勝。

　　蜂鳥飛近天鵝身邊。「冷靜呀！」牠敦促著，而當天鵝停止掙扎扭動，棘刺也就不再割扎。小蜂鳥輕柔地將荊條逐一叼開，天鵝看見自由的天光從上方透入，雖然遙遠，卻已並非遙不可及。

　　「寶劍八」是種提醒：不要在瑣事上浪費精力。在危機中，我們很容易會僵凝呆滯，失去行動能力——感到受限、迷惑、無力、被環境困縛——但若能花些時間調息靜氣，重估對策，終將能夠找到出路。

寶劍九
Nine of Swords

❦

風暴烏鴉以粗嘎的啼聲，
預示著即將迫近的崩解。
一圈又一圈，盤旋逼近……
引人追尋而又令人懼怕的未來。

　　空中的漏斗卷雲旋上九霄，像是一座不祥的風暴之塔，只留有一隙希望的微光，照亮高空的暴風眼。「到我這兒來，跟我來吧！」近旁，一隻風暴烏鴉向他低語，「讓我引領你穿越風暴。」他以焦慮的目光向上凝視、遠眺，渾然未覺那穿透靈魂暗夜向他致送的指引。他將一柄帶鞘的寶劍貼胸而握，以策安全。儘管他可以輕易高舉它閃亮的劍刃，照亮道路，但他卻懵然無覺於手中緊握的指路燈標。或許是他太過顫慄怯懦，以致無法揮動寶劍。

　　他煩憂苦惱，胸口的刺青小劍是針囓的印記，刻劃著他所經歷的憾恨。夜裡，他深受內心恐懼、焦慮、罪疚與疑惑不安的折磨。他是屬於天空的生物——他的雙翼理應帶他絕塵高飛，而天空應當是廣袤開闊的自由世界，而今卻像是個陷阱，以步步迫近的呼號狂風朝他闔上齒顎。不過，只要他能拋開疑懼，便能如風暴烏鴉一般自由自在，盤旋飛上未受風擾的天穹。

　　「寶劍九」被內心的騷亂旋繞著，靈魂赤裸敞開面對自身的惡魔，正是最容易受傷的脆弱時刻。罪疚與恐懼鎖住了肌肉，令人動彈不得。不妨去瞭解這些恐懼的源頭，理解它們的意義，知曉它是從何而生，因為掙脫枷鎖的力量，就存在你的心中。

寶劍十
Ten of Swords

❦

她自高空墜落，群鳥不僅不伸出援手，反而盤旋逼近，逐步縮緊圈子包圍她。牠們在上方獰惡地打著轉，像禿鷹般等待必然的死亡。牠們的翅膀如利刃，羽毛似尖刀，削切著她的皮膚和衣裳。尖銳的鳥喙戳穿了她的罩衫，加速了下墜。就連牠們粗嘎的啼聲，在這灰冷的夜裡聽來也充滿敵意。寒風颼過她的耳畔，空洞而不成調地嘶鳴著。下方的樹木將禿枝的鉤爪伸向天空，樹幹正從內部腐爛。完了！她對蒼天呼喊。

或者，這只是布幕落下，結束了一齣煽情的殉難劇？

「寶劍十」代表厄運、淒涼、背負重擔、毀滅，以及妄想的終結，感覺就像周遭情勢策動了一次無可控制的迴旋下墜。如同她的墜落，情況往往超出人力所能掌控。有些時候，我們什麼也不能做，只能咬緊牙關渡過風暴，待下墜之勢終於暫止時收拾殘局，並從災難中習得教訓。

寶劍侍衛
Page of Swords

寶劍侍衛懷抱著一隻小天鵝，她的身軀就是個活生生的搖籃。她有種強烈的使命感，要保護那雛鳥不受侵害。天鵝們聚集在她身邊，強力拍搧著翅翼，屏蔽著她。牠們是警醒的守衛者，戒備的目光攝入一切，並以狂舞的羽翅製造出一股上升氣流，承載著她飛渡黑夜。

她仰望星空尋求指引，如往昔的水手般追隨著星辰。那些遙遠光點聯結成網絡，以稀微的銀輝織出一幅玄奧的地圖，如自遠古以來那樣，為懂得解讀其繁複圖案者標示出可供依循的路徑。當她飛過天際，群星向她和天鵝夥伴們呼喚，同時也召喚著夜風。一陣呼嘯，夜風翻騰而來，回應星子的呼喚。她歡迎夜風；即便它們在她的翅翼底下倏然轉向，她也能迅速適應。她感覺得到這些微妙的變化，也明白該如何調適。她向你召喚，邀你抹去眼中由過多日光所造成的翳霾，看清夜空的守護者所指引的道路。

「寶劍侍衛」象徵真誠與信實。她無懼於審視自身的信念，並觀察周遭黑與白的平衡，而不加譴責。她明瞭自身靈魂的準繩，不懼怕情緒，也不會讓情緒左右自己的決定，而以邏輯為主導。她的頭腦敏捷且擅於分析，而她也運用它來導引方向，評估情勢。她延展自身的覺知，試圖為未知的新事物騰出空間。

寶劍騎士
Knight of Swords

❦

「寶劍騎士」是位勇猛的英雄，爲了捍衛自身的信念，可以奮不顧身一頭衝進爭鬥。他的作風直率，毫不虛僞矯飾，總是直截了當切入要點。這樣的性格可能會被視爲清新誠實、忠心赤膽，但也可能被認爲是不夠審愼，又欠缺謀略。

他不讓情感干擾目的。情緒之於他是種多餘而枝節的東西，只會混淆顯而易見的事理，製造懷疑恐懼的空間。一個沒有情緒的騎士無所畏懼，所向披靡，不承認失敗的可能性。一旦投入戰局，絕不退卻，因爲在他心中除卻勝利別無選項。

「寶劍騎士」是位霸氣昂揚的人物。他的坐騎是衆鳥之王，人鳥合體，像支長矛般馳過天際。他是位追尋者，以寶劍和羽翼劃破長空，尾跡則凝聚成一股旋風，那是由追隨他的羽族大軍激盪而生的漩流，而他則扶搖直上，刺穿這片混沌。他的寶劍，就是追隨者的指路明燈。

他朝黑夜的深淵呼喊：

升舉我吧，天空的精靈！
賜予我老鷹的敏銳視力，
以及麻雀的迅捷靈敏。
賜予我渡鴉的洞察，
以及蜂鳥勇猛的心搏。
用天鵝雙翼的優雅撐持我，
再以貓頭鷹的智慧願景引領我。

寶劍王后

Queen of Swords

───────────── ❧ ─────────────

　　「寶劍王后」以手中的新月寶劍劃破謊言與欺瞞，直指眞理的核心。她是內在知識與眞誠的化身，將幻化爲彩蝶的使者送入塵世。牠們是追尋者，是她生命與靈魂的延伸。牠們的所見所聞，都將透過虛空中的無形線路，怦然悸動著回傳給她。牠們通曉靈魂的語言，因爲牠們都曾歷經蝶蛹的蛻變──那既非沉睡，亦非死亡。

　　那片令人目眩的白，是純淨、眞誠與清晰的顏色，以及毫不妥協的平衡；但它亦象徵遙遠的距離，有時甚至是死亡。因爲直搗眞相往往必須褪去老皮，以剝除虛飾與僞詐。能拋開過往，丟下那自我困縛的繭殼，深深掘入內心，找到那張眞實的臉孔，直面世人。

　　「寶劍王后」是位聰穎的女性，忠誠、機敏，並有其直率的幽默感。她對周遭世界和自身經驗的精準認知，令她備受敬重。她已然審視內心，深知當她對鏡自望，鏡中的倒影將眞眞切切地呈現它應然的樣貌，而她靈魂深處所煥發的光彩，將令鏡面灼灼生輝。

　　花語中，紫色的龍百合象徵內在的力量，而白菊則代表眞理。

寶劍國王
King of Swords

――― ❦ ―――

　　如同手中直指向天、豎立待命的寶劍，「寶劍國王」是力量與品德的柱石，並握有掌控生死的權柄。他是王者，亦為武士，寶劍始終出鞘，隨時做好準備，在必要時揮劍迎敵。

　　他是一位領袖，威風凜凜地衝馳在軍隊最前方，以行動貫徹信念，遵循雪亮的劍刃為他照亮的真理道路。貓頭鷹無聲的智慧引領著他，牠平穩地棲息在寶劍尖端，雙眼骨碌碌地打轉，閃動人類信念賦予其族類的古老智慧。

　　呼應著貓頭鷹，一對飄忽的烏鴉也隨侍在側，彷彿是天神奧丁（Odin）的那對攣生使鳥「思想」與「記憶」。牠們雙雙飛出以尋求真理，然後帶回各自的發現，在他耳畔低聲回報。這兩種鳥類聯結起來，構成了日與夜的平衡：烏鴉代表太陽的銳利明晰，而貓頭鷹則象徵隱微的真理，只在鵝絨般的星月幽光下才能被看清。這便是「劍王」的羽族同伴所體現的意義。

　　夜之陰影降臨在他肩上，成為一幅有生命的紫色披風――那是古希臘人歸給皇室的顏色，而他寶座的基石亦鐫刻著達文西的「維特魯威人」（Vitruvian Man），象徵藝術與科學的融合，以及人體與整個宇宙的均衡對稱。

五角星牌組

Pentacles

五角星連結著土元素

五角星王牌
Ace of Pentacles

❧

　　這是繁榮、豐裕和安穩的可能性。它是對財富與安康的承諾,預示著繁茂昌盛,收割辛勤工作的報酬。付出的精力將看見回報。種籽播入了肥沃的土壤,它會萌發怎樣的新芽?會滋長出何種奇異的植物?「五角星」牌組承諾某種好事將會來臨,但它需要耐心與努力。要怎麼收穫,先那麼栽。種籽需要灌溉、施肥,因為凡事不會憑空發生,成功憑藉的並非空想和白日夢。用渴望澆灌它,以信心、努力與勤奮為它施肥。

　　在古埃及,蜥蜴代表吉祥幸運與神聖的智慧。牠們是土地的居民,也是「五角星」的守護者,其族類涵蓋了蠑螈、變色龍和飛龍等。牠們引領脫離朦朧的夢境與幻想的道路,並將變動不定的渴求與願望引入實存,進入可以觸及的現實,走進真實的世界。

五角星二
Two of Pentacles

❖

　　他以單腳站立，跳著特技似的平衡之舞。如同印度天神濕婆（Shiva），他全神貫注於那創造與毀滅之舞——相對力量之間某種和諧的均勢。彷彿他的姿勢還不夠岌岌可危，他所棲身的巉岩似乎也搖搖欲墜，一個最最微小的閃失，或是一陣迷途的狂風，似乎就會令它搖晃崩塌，滾落萬丈深淵。但他信心滿滿，對這支舞嫻熟於心，能夠覺察周遭情況的動態，並感覺到山風就像一位沉默的隱形舞伴，協同他的動作穿梭來去，與他搭檔跳著繁複的雙人舞。然而，這份信心是否會令他栽跟頭？那和煦的西風是否會失去玩興，倏然翻臉轉向，陰險地猛烈吹襲，令他反應不及？

　　「五角星二」是種維持平衡的行動：如拋擲雜耍般，令所有事物保持運作，靈活調適，並能輕易變換方向。面對橫七豎八阻路的挑戰，要意興昂揚，但請留心不要在同一時間承擔太多。

五角星三
Three of Pentacles

他倆合作無間，攀上彼此的肩頭，構成一座「人梯」。兩人以各自的身高堆疊起來，不斷向上攀升，渴望接近天空。她在石牆刻下一個個五角星和圓圈，這些圖案構成一連串交疊的弧形，如同她自身環環相扣的關係：包容與連結的圍圈組合——那是人類關係與互動的數學方程式。

彷彿依循著某種藍圖，她仔細描刻著每一條弧線。她的手指在石壁上輕易劃出刻痕，猶如那是可塑的黏土，在她柔軟的指肉下，堅硬的石牆竟化為繞指柔。這就是眾人齊心的威力，將那「不可能」的瞬間變得輕而易舉、平凡無奇，願望遂得實現。當我們與他人協力合作，便能領會團結的力量。

「五角星三」是團隊合作的體現，眾人合為一體，協同運作。它強調眾志成城的卓越力量，能成就超越預期的事功。有時要完成某項目標，他人的支持是必要的，因為並非所有的工作都能獨力完成，也並非每件事情都「必須」單打獨鬥。尋求外部的支援並非示弱，但與他人合作需要耐心、規畫與妥協，方能堅持高水準的合作關係。

五角星四
Four of Pentacles

　　那條巨龍緊緊蜷踞著牠辛苦積攢的金銀珠寶。牠花了相當於人類好幾輩子的時間，才積聚了如此龐多的寶物，無人可以染指，更別想從牠手中竊取！「這是我一個人的！」牠嘶聲警告趨近圍觀的爬蟲表親們。蠑螈和蜥蜴飛快逃竄，以免被牠占有的怒火鞭笞、狂掃。

　　「這是我的財寶！」牠大聲宣告。牠知道變色龍正躲在上方，以貪婪的眼光窺探著。牠知道牠們想要趁其不備潛入偷盜。就連風的輕拂似乎也像個小賊，企圖鬼祟地貼近牠。因此牠繞著自己的身軀盤蜷起來，從尾到鼻，一圈又一圈，無止無盡，緊緊地蜷縮著。變色龍倉皇遁走，留下牠獨自守著財寶。晶亮的龍鱗似乎與牠所盤踞的黃金融為一體，無可分辨，閃爍著美妙誘人的光澤，永不褪色，永不改變。

　　「五角星四」體現著某種占有的心態，想要永遠掌控不放手。如此一來，此人便會生活在重重侷限中，活在一個自我打造的囚籠裡，而極度厭惡改變。他冥頑閉塞，拒絕承認自身的弱點，並被這些弱點所桎梏。他過著慳吝而悲慘的人生，財務上雖然優渥，心靈卻因過度專注於物質而閉鎖窒塞。去除私心將為你帶來的快樂，或許會比囤聚的物品還要多得多。

五角星五
Five of Pentacles

　　她瑟縮在窗下，身子蜷成一團。上方流彩熠熠的圓窗灑下光輝，她卻低眉垂目，視而不見。綺窗的美麗華彩突顯了她的匱乏；相形之下，她感到沉悶而枯槁。一旁的小龍耀武揚威地叫囂著，似乎在嘲弄她，要求她謙卑伏首。唯有那生滿荊棘的大地擁抱她，向她伸出多刺的藤蔓，但她卻瑟縮閃避。她心痛淒楚，倍感孤寂，完全沒發覺化為蝴蝶盤旋在她指尖的精靈，以及從陰影中凝視著她的目光。

　　她對周遭渾然無覺，任性地無視於外在的世界，也懵然盲昧於自我的內心。她的心靈呼喊著種種渴求，而她卻不曾留意。她與自我身心的訊號是如此疏離，或許她根本不明白自己究竟渴望些什麼。她與自身隔絕了。

　　「五角星五」意味著心靈的匱乏、對物質的煩惱、不安全感，以及艱困的時刻。昭示吾人對身心的需求有所忽略，感到被隔絕、排拒與失落。然而，救贖就在不遠處，只要你能超越身心的阻礙，建構那份連結，即使是棘叢也會開出花朵。

五角星六
Six of Pentacles

　　他高踞牆頭，跨騎於龍背之上，自信昂揚，躊躇滿志。他明瞭此生已獲得心之所欲，財富滿溢，用之不竭。從那高高在上的棲身之處，他吹奏著美妙的旋律，讓他所積累的財富從樂曲中傾洩而下，澆灌下方枯瘠的土地。那乾涸的土壤逢此甘霖，呼喊著伸出多刺的卷鬚，迎接這生命的雨露，以及歌曲中的賜福。

　　「五角星六」代表「擁有者」與「匱乏者」之間依存關係的循環。在這生命與財富的雨露澆灌下，小樹苗從泥濘荒瘠的土壤中奮力冒出頭來。吹笛人並未看見，也未曾留意。他或許自以為是某種慷慨的單邊方程式的一部分，但與此同時，植株和枝條卻支撐著那搖搖欲墜的石牆。它們細小的根條探入裂隙，用生命的網絡鞏固其結構，撐持著它，保護它免於蝕朽崩塌。他們雙方彼此支持，就像是自銜其尾的「奧羅波若蛇」（ouroboros），是種自我維繫的循環。

　　在如此一種休戚相關的情境中，誰是真正的施惠者？誰又掌控著力量？

五角星七
Seven of Pentacles

———— ❧ ————

　　她站在鬱鬱蔥蔥的果園中，那是她悉心照料的成果。她是這片果樹林的守護精靈，這兒是她親手創造的伊甸園，而她也是其中的一部分。蟠桃熟了，某種神奇的能量在每顆芳美多汁的果球中翻騰、攪動。桃是夏日的果實，屬於舒緩放鬆的長晝。它的甘露是蜜漬的長生瓊漿，那汁液的甜香在舌尖翻滾，彷彿是對夏日的某種肺腑的記憶。

　　摘，還是不摘？她暗自思忖，身上的波紋刺青隨著思緒而翻攪。她伸手握住那果子，準備摘下。它隱隱悸動，彷彿包藏著這棵果樹的心臟，隨著樹液流過枝幹的脈衝而搏動。一旦離枝，這些蟠桃是否仍會煥發生氣蓬勃的光彩？或者將會和籃中的凡果一般黯然無光？

　　「五角星七」挑戰你做出抉擇——要享用籃中的果實，還是讓它們留在枝頭，繼續綻放、成熟？它關乎收割努力與工作的報酬。種籽已被播下，辛勞與等待的時光也已過去，它們已然開花結果，現在是賞味的時刻了。這是寧靜的一刻，讓你去思考各種不同的取向與替代方案。

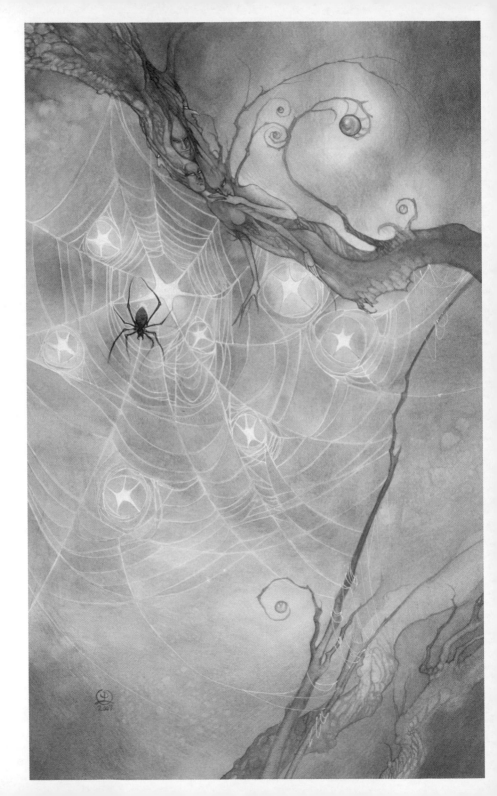

五角星八
Eight of Pentacles

以勤奮和耐心，蜘蛛編織著薄紗般的細網。黎明灑下幾滴晨露，星羅棋布於半透明的絲網上。

織吧，編織出一幅圖案：
編織出夏日的麝香之夢；
編織出金秋的薄暮之帷。

織吧，編織出一段命運：
編織出一生定錨的纖薄線跡；
編織出蒼白月亮的盈虧印記。

織吧，編織出一張羅網：
雕琢每一根泛著絲光的珍貴線縷；
蛻去藝術家的種種壓抑。

蜘蛛辛勤工作，徹夜編織著薄紗般的蛛網，小心安置每一縷絲線，創造出一幅為某種目的而建構的美麗圖案。那就像是某種冥想，又像是種錯綜複雜的八腿舞蹈：紡紗旋轉、踏步、踏步、停頓、穿線、扭轉，再踏步，然後再次重複。

「五角星八」體現著一位工匠，一個擁有極大耐心且專注於細節的工作者。它是某種召喚，要你全神貫注於一項計畫，去尋求知識，並追求更高的領悟。但這必須憑藉實際的經驗來完成，運用吾人之雙手和全副身心來創造。將智慧與技藝實際應用於某項任務，並貫徹始終——這往往是獲致成功所必需。

五角星九
Nine of Pentacles

————— ✦ —————

　　她的靈體與生命的物質面向緊密交融。她試圖以音樂來表現這種連結，而體現的媒介是鋼琴這樣精巧的機械樂器——金屬與木料的龐然團塊巧奪天工地製作而成，以創造美與秩序，以及迴盪的樂音。

　　然而，那鋼琴並非純屬人工，它融入了周遭的世界，難分難解地織入了大自然的錦緞，如同四周活生生的樹木般生長不息。它是森林的一部分，是青苔、綠葉和樹皮的一部分，而隨著她手指掠過鍵盤涓涓淌出的樂曲，則呼應著那份感通。

　　那女子遺世獨立。她之所以來到此處，就是爲了尋求森林給予她的孤獨。她滿意於這份自得自足。蝸牛殼座椅和枝頭的螺紋，是黃金分割率的具體展現——某種趨近無限、趨近均衡、趨近理想的連續體。她不看自己彈琴的手，卻抬頭凝視著太陽，那日輪如彩繪玻璃般絢麗完美，透過綠葉投射光華。她微笑著，沐浴在翡翠色澤的溫暖光輝中。

　　「五角星九」是物質與精神的平衡。它是物質的豐足與提升，以及爲了獲致此境所需的紀律、自我依恃和對自身能力的信任。它是對已然擁有之富足的領略與欣賞。

五角星十
Ten of Pentacles

————— ❧ —————

那女子身披錦緞，配戴著金銀首飾，華貴的裝束顯示她優渥的社會地位。她蜷曲身子斜倚在龍背上，那龍騰空而起，如一陣輕風般在山谷上空逶迤飛翔。

山風颯颯，對林木低訴古老的祕密，老樹用虯根盤繞自己的寶藏，然後刷刷抖擻葉片，將這祕密傳遞給那龍，而牠則接棒對她吟唱這些字句，因為牠在數百年的歲月中已然見多識廣，了然萬事萬物的樣貌。世界是一面彩繪玻璃的傑作，洋溢著藝術與財富——而她將一顆蟠桃緊緊捧在懷中；在中國，這種仙果長久以來都象徵著吉祥與長壽。

她是個傳統派，堅守習俗常軌和既定的規範，因為她知道，正是由於依循這些規則，她才得以獲致今日的地位。她明白，將她帶至此處的並非偶然。生命和世界都有其模式，就像那環繞著她的彩繪玻璃——由大師之手打造，並有其目的。那精心繪製的願景在它作為一項藝術品的有形本質上，較之其所描繪的飄渺實相更為恆久。她明瞭她所到達的高度乃是源於自身的辛勤與信念。

「五角星十」是關於享受豐裕，渴望財務穩妥所能帶來的長久安適，並能領受降臨在你身上的奢華與幸運。這是終極的世俗成功，是長期的努力終於開花結果，終能安居於某種持久的有利形勢和位置。

五角星侍衛
Page of Pentacles

———— ❧ ————

　　「五角星侍衛」高踞龍背的脊峰，「機會」如那巨龍一般酣睡著。夢想和願景沿著牠碧綠的長軀顫動著，鑽入任何踏上這條青翠小徑之人的足底。那是從這龐然巨獸酣睡的心發送出來的——成功的夢想，擁有物質安適與穩定的渴望。她深知巨龍所提供的願景——一個奇妙的悅樂花園，因為她就是那花園的守護者，一心一意保存它、維護它。

　　「五角星侍衛」帶著她的信息而來，捎來成長與蓬勃發展的機會。她捧著一顆小小的火星，但她只是潛能的信使；將這火花隨心所欲地幻化吧——僅僅變成一塊悶燒的煤炭，抑或是東昇明星的光焰——但這份抉擇與願景，乃是每個人必須運用手中的技能與資源去自行發掘的。

　　「五角星侍衛」信實可靠、勤奮用功，且熱愛學識。她講求實際，腳踏實地，思而後行，但同時也不懼於擁抱物質逸樂的世界。她是如此輕鬆愉快，無憂無慮，而她的精神與周遭一切事物都交融無礙。

五角星騎士
Knight of Pentacles

「五角星騎士」行過窄道，樹葉旁分為他開路，而他的目光卻絲毫不為周遭的誘惑所動。林中的精靈聚攏過來朝他低語，並晃蕩著仙界的小玩意挑逗著他。當他行經老樹開展的枝條，樹精也伸出纖長的手指，撫弄他的頭盔。

但他皆未留意，眼中只看見那道光，也就是他的目標。這位騎士有條不紊、行事嚴謹，毫不動搖。他騎乘在土龍的脊頂，緩慢而接著地氣，但不用懷疑，他們仍在行進著。他的目光投向何處，便一定會到達。

未曾充分評估情勢之前，他決不會衝入戰局。他有時間，也有耐性，為人保守，喜歡久經考驗的方式行事，從不踏入未知的歧路。他或許顯得欠缺創造力和探索的欲望，但他重視最後的成功更甚於達成目標的方式。他盡忠職守、穩健踏實、忠誠可靠，並信守承諾。對於正在進行的任務，他的耐心和精力從不衰退，直到工作完成。

「五角星騎士」頑強地堅守既定的作風和道途，牢牢地鎖定目標，目光幾乎排除其他任何事物。這似乎是種缺陷，卻也驚人地有效率。他確切地看見並知道自己要的是什麼、目的地何在，並以一種毫不妥協的方式堅定地朝它邁進。一旦抵達這個目標，他便召喚一切土元素的力量全力出擊，像是土之巨靈的沉重臂力、地震的翻滾雷鳴，以及巨大樹根穿透土石的衝擊。

五角星王后
Queen of Pentacles

———— ❧ ————

「五角星王后」渴望滋養萬物，關懷眾生。她的慷慨溢於言表，雙眼灼灼煥發著溫暖。樹枝圍繞著她的身軀排列成扇形，令人聯想到印度的十臂女神「難近母」（Durga）——亦即女性創造能量的化身。她象徵奉獻，是一位保護者，穩妥可靠而值得信賴。物質的擁有和自身在生命中的位置，令她安心無憂。

無論是誰向她請求，「五角星王后」都會給予支持。她擁有從那橡樹汲取的力量，事實上她就是那棵大樹的一部分（或者說那樹是她的一部分）。她願意分享這份力量，那是她從太陽的生命力與熱能所汲取的金色滋養，將之吸入枝葉，轉化為純粹的能量。

橡樹的枝葉在她周圍呢喃，沙沙地低吟著。她從枝頭摘下一片葉子，說道：「拿著它作為信物，提醒自己『我始終在這兒』。」它們以千百個聲音嘆息著，構成一種奇異的和聲，包藏著為她保守的祕密。

五角星國王
King of Pentacles

———— ❧ ————

「五角星國王」捧著一顆樹籽，那樹籽自內部放射金光，並隱隱悸動著，彷彿包藏著一顆搏動的心，訴說著謙卑的承諾，將要萌發滋長。大樹的葉片努力伸展，要沐浴在那片金光中，樹枝則提供熟透的蜜釀果實，每顆芬芳的球體都鼓脹著誘人的甜美汁液。那枝條向上挺起，像是雄鹿驕傲的犄角。他乃三位一體，同時是人、是樹，也是龍。全都交纏、連鎖、糾結在一起；他是物質世界的王者。

這位國王積極而富有冒險精神，擁有方方面面的才能。他具有點石成金的魔法，將周遭每件事物都鍍上一層閃耀的金光。當他著手於某項冒險事業，便注定會成功；當他投注心力於某個理念，便會煥發光彩。他行事老練而可靠，並穩若磐石，當你需要依靠時，他會是你最堅實的支柱。巨樹永恆的穩定與力量源源不絕，任他汲取，那樹根蔓延得既深且遠，從大地肥沃的幽暗坑井中吸採能量——守護地精的洞窟、巨龍的巢穴，以及地層深處的古老石骨，都是能量的泉源。以這份穩定的力量為根基，他伸展雙臂、枝葉與渴望，直向星辰。

他是成功的靈啟，同時慷慨無私，樂於分享自己的財富與幸運。享用他所提供的果實吧！他明瞭這份財富將會被分享再分享，從那些果實中，新的種籽將會迸發萌芽，長成雄偉的大樹。

牌陣

—

Spreads

單牌牌陣
One-Card Spread

　　有些時候，少即是多。僅僅一張牌，便能傳遞可觀的訊息與智慧。而這種「單牌牌陣」的妙處，就在於你幾乎能用它來回答任何問題。你只消提出問題，然後抽一張牌。例如：

　　今天我需要知道什麼？
　　我該替母親準備什麼生日禮物？
　　我該參加今晚的派對嗎？
　　我該如何處理年度的工作審查？
　　為何我會有這種感覺？

三牌牌陣
Three-Card Spread

　　這是一種十分靈活的牌陣，可以用來擷取較多的訊息，或是看清某個情境中各個面向彼此之間的關係。你可以配合要占卜的問題，很容易地調整各個位置的意義。試試下面這些牌陣，或者也可以試著發明自己的三牌牌陣。

　　過去　現在　未來

　　運用此一牌陣，能看清過去哪些事件或能量正影響著現在，而當下的種種又可能如何塑造著未來。

　　情境　問題　解決方案

　　運用此一牌陣，能深入瞭解一個令人困擾的情境，以及可能的解決方案。

　　決定　選擇一　選擇二

　　這種牌陣是用來幫助你面對某項決定。它顯示出此一決定的核心所在，以及針對兩種選擇，你所必須考量的關鍵因素。這種牌陣是可以擴展的，如果你有超過兩種選項，只需再加牌即可。

　　情境　該做什麼　不該做什麼

　　運用此一牌陣找出處理某種棘手局面的最佳方式。

塞爾特十字牌陣

Celtic Cross Spread

「塞爾特十字」是一種歷史悠久且廣為人知的牌陣。它能為任何情境提供大量的訊息。在這種牌陣中，比較牌5、牌6和牌10是很有意思的，因為它們都與未來和結果有關。

```
            3                      10
   5        1        6             9
            2                      8
            4                      7
```

1. 你：這張牌代表你自己。
2. 交叉：此牌（橫放）指出衝突所在。
3. 基礎：此牌顯示所占情境的基礎或根源所在。
4. 過去：此牌顯示來自過去的影響，且與目前情境有關聯者。
5. 不久的將來：此牌揭示接下來可能會發生什麼。
6. 王冠：此牌代表在此情境中你最渴望的結果。
7. 自我：這是你的「自我形象」，即你在當前的情境中如何看待自己。
8. 環境：此牌代表來自周遭人事物的影響；它可能顯示出他人是如何看待你。
9. 希望與恐懼：此牌指出你在此情境中最期盼或害怕的事物。
10. 結果：此牌顯示若一切狀況不變，可能會發生什麼。

星星知我心

Is Love in the Stars?

如果你正在尋覓愛情，亟欲知道星星是否爲你譜寫了一段戀曲，用這個牌陣卜算看看吧！

5

3　　　4

1　　2

1. 萬事俱備：此牌代表你可以用什麼方式做好準備，以迎接愛情進入生命。
2. 唯欠東風：這張牌顯示你在哪些方面尚未做好準備。想要將愛情吸引到你的生命中，請仔細思考這張牌。
3. 該做的事：向這張牌尋求建議，看看你該採取何種步驟，讓你踏上愛情的道路。
4. 該避免的：這張牌是個警告，你正在積極進行的某件事，將會妨礙愛情進入你的生命。
5. 結果：這是你占得的答案。如果是肯定的，星星透露你紅鸞星動，戀情在望。請特別留意牌 2 和牌 4，在這些方面下工夫，將能使情況更爲順遂。如果答案是否定的，請努力改善牌 2 和牌 4 所指出的問題，並加強牌 1 和牌 3 所標註的能量。然後，過一段時間再用這個牌陣占卜一次，看看你是否創造出了較佳的結果。

天長地久,還是曾經擁有?

Will It Last?

　　如果你正處於一段戀情當中,想知道能否與戀人天長地久,這個牌陣將能助你一窺究竟。請務必比較各個對應位置的牌,以獲致更深一層的瞭解。舉例而言,牌陣的上層聚焦於這段關係中正面積極的面向,而下層則示現其挑戰,因此自然會構成比較。牌 1 與牌 4 顯示你的希望和恐懼,請比較這兩張牌,它們哪裡相異?有何類同?牌 2 和牌 5 則是代表戀人的希望與恐懼,也請比較其異同之處。

1　　2　　3

7

4　　5　　6

1. 你的希望:此牌代表你希望發生什麼。
2. 戀人的希望:此牌代表對方希望發生什麼。
3. 優勢:此牌代表這段戀情的最大優勢。
4. 你的恐懼:你對這段關係最擔心害怕什麼。
5. 戀人的恐懼:對方對這段關係最擔心害怕什麼。
6. 弱點:此牌代表這段關係之中的弱點。
7. 結果:此牌指出可能的結果。如果是負面的,試著在「恐懼」與「弱點」下工夫,並強化「優勢」,然後觀其後效。如果是正面的,運用這份訊息讓情況更上層樓。

維持平衡

Balancing Act

　　此一牌陣乃是以這副「幻影精靈塔羅」中的「五角星二」爲靈感
而設計的。這張牌是關於不安定的平衡。在我們的生活中，有些時
候我們必須同時兼顧很多事物：責任、義務、想望、需求、慾望等等。
有時這些事物是關於我們的外在生活，攸關我們日復一日的生存；
有時則是關於我們內在的信念、思想，以及情感的平衡。無論外在
或內在的情況，這個牌陣都很適用。它將幫助你理解自我，以及圍
繞、影響著你的周遭環境。它同時也能提醒你，即使是處於平衡的
時刻，也沒有任何事物是眞正穩定的。一切都在來去生滅的過程中，
當你維持平衡的幻象，何物眞正被創造出來？什麼其實又被摧毀了？

4

2　　3

1

1. 你：此牌對你示現，在此情境中你需要知道的關於自己的
   某件事。它可能是你正在如何正向或負向地影響著當前的局
   面，或是它正如何影響著你。
2. 創造：此牌顯示何物正處於被創造的過程中。這可以是有
   形或無形的。它可以是你有意去創造的，也可能是你預期之
   外的。
3. 毀壞：此牌顯示何物正處於被毀壞的過程中。這可以是有
   形或無形的。它可以是你有意去破壞的，也可能是你無意爲
   之的。
4. 風：這張牌就像是「五角星二」中的風，代表影響當前局
   面的外在環境。此牌將示現它是否有益，也會顯示它是正在
   變動，還是保持穩定。

展開旅程

A Journey

　　這個牌陣是以「幻影精靈塔羅」的「聖杯八」和「隱士」牌作爲靈感來源。這兩張牌都聚焦於「離開某件事物、展開旅程，並尋求欠缺之物」的主題。當你感到自己被當前的生活或世界所阻礙，嚮往某種不同的東西，但又不確定那是什麼，這個牌陣可以幫助你辨識出是什麼拖住了你，而你又需要什麼才能向前邁進。

　　同時檢視牌 4 和牌 5，可能會構成有趣的訊息。一張是你踏上旅程的原因，另一張則是照亮你道途的事物，去想想兩者之間有何關聯？這些牌又和「目的地」有何關係？同樣地，「離開牌」與「挑戰牌」之間又有何聯繫？

$$5$$
$$1 \qquad\qquad 4 \quad 6 \quad 7$$
$$2 \quad 3$$

1～3 離開：這三張牌透露出你正在脫離什麼，哪些東西不再能滿足你，或是何物在牽絆你。這可能是三件截然不同的事物，又或者這三張牌是共同在描述一件事。

4. 原因：這張牌告訴你，在此時此刻，你爲何被召喚去展開這趟旅程。

5. 星光：如同「隱士」燈籠裡的那點星火，這是在旅途中指引或引導你的事物。

6. 挑戰：此牌顯示在旅途中你將面對的挑戰。

7. 目的地：這張牌指出你將走向何方。這是你（或是你更高的自我）要你到達的所在——至少是在這段旅程中。

來自宇宙的訊息

Message from the Universe

　　以此牌陣占卜，可以是種十分強大的經驗，也是你進行在本書開頭讀到的「進入這張牌」之觀想練習的大好機會。

4

3

2

1

1. 身：這是宇宙給予你的關於自我身體的訊息——你照顧它、思考它，以及尊重或不尊重它的方式。

2. 心：這是宇宙給予你的關於自身情感的訊息——你保護情感或分享愛意的方式，你感受的方式，或是你讓情感在生命中扮演的角色。

3. 腦：這是宇宙給予你的關於自身理智的訊息——你運用（或不用）它的方式，你看待、思考世界的方式，或是你處理問題的方式。

4. 靈：這是宇宙給予你的關於自身心靈的訊息——這張牌或許會指出你為了心靈安適必須去做的事、某種關注心靈的方式，或是讓靈性充滿日常生活的方法。

夢想成真

Dream Come True

　　如果你有個夢想或目標亟待完成，這個牌陣將頗有助益。它將顯示你能運用什麼、需要留心什麼，以及你可以實際做些什麼，以促使夢想成為現實。請留意牌 4 和牌 5，看看它們能夠如何善用牌 1 或牌 2 所描述的能量，以及如何克服牌 3 所示現的不利面向。

6

4　5

1　2　3

1. 最強的面向：這是你的夢想或目標中最強而有力的面向，也是你能夠賴以築基的事物──亦即獲致更大進展的墊腳石。

2. 有益的能量：這是你能獲取的極具助益的能量。它可能並非狹義的能量，而是代表某個能夠幫助你的人（尤其是當宮廷牌出現於此）、你能找到資訊或資源的地方，或是其他的協助來源。

3. 最弱的環節：這是你的計畫中最弱的一環。這是你需要最多協助、需求最大，或是有某種挑戰必須面對的地方。

4 ～ 5 行動：這兩張牌代表你可以去做的兩件事，或者是你能夠採取的兩種步驟，以趨近目標或實現夢想。

6. 結果：這張牌代表如果你採取此次占卜的建議，將會獲致的結果。如果此一結果並非你所預期，或非你所希望的，請再次思考你的目標，及其可能衍生的後果。考慮修改你的計畫，然後再占卜一次。

FUTURE 26

幻影精靈塔羅　Shadowscapes Tarot

作者——羅佩雯（Stephanie Pui-Mun Law）& 芭芭拉·摩爾（Barbara Moore）
繪圖——羅佩雯（Stephanie Pui-Mun Law）
譯者——孫梅君
選書責編——何宜珍
特約編輯——潘玉芳
美術設計——謝富智

版權——吳亭儀、黃淑敏
行銷業務——張媖茜、黃崇華
總編輯——何宜珍
總經理——彭之琬
發行人——何飛鵬
法律顧問——元禾法律事務所　王子文律師
出版——商周出版
　　　　台北市104中山區民生東路二段141號9樓
　　　　電話：(02) 2500-7008　傳真：(02) 2500-7759
　　　　E-mail：bwp.service@cite.com.tw
　　　　Blog：http://bwp25007008.pixnet.net./blog
發行——英屬蓋曼群島商家庭傳媒股份有限公司城邦分公司
　　　　台北市104中山區民生東路二段141號2樓
　　　　書虫客服專線：(02)2500-7718、(02) 2500-7719
　　　　服務時間：週一至週五上午09:30-12:00；下午13:30-17:00
　　　　24小時傳真專線：(02) 2500-1990；(02) 2500-1991
　　　　劃撥帳號：19863813　戶名：書虫股份有限公司
　　　　讀者服務信箱：service@readingclub.com.tw
　　　　城邦讀書花園：www.cite.com.tw
香港發行所——城邦（香港）出版集團有限公司
　　　　　　　香港灣仔駱克道193號超商業中心1樓
　　　　　　　電話：(852) 25086231傳真：(852) 25789337
　　　　　　　E-mailL：hkcite@biznetvigator.com
馬新發行所——城邦(馬新)出版集團【Cité (M) Sdn. Bhd】
　　　　　　　41, Jalan Radin Anum, Bandar Baru Sri Petaling, 57000 Kuala Lumpur, Malaysia.
　　　　　　　電話：(603)90578822　傳真：(603)90576622　E-mail：cite@cite.com.my

印刷——卡樂彩色製版有限公司
經銷商——聯合發行股份有限公司　　電話：(02)2917-8022　傳真：(02)2911-0053

2018年（民107）03月13日初版
2023年（民112）11月22日初版4刷
Printed in Taiwan　定價1280元
著作權所有，翻印必究　ISBN 978-986-477-332-9 (平裝)　城邦讀書花園
www.cite.com.tw

國家圖書館出版品預行編目

幻影精靈塔羅 / 羅佩雯(Stephanie Pui-Mun Law), 芭芭拉.摩爾(Barbara Moore)著; 孫梅君譯.
-- 初版. -- 臺北市 : 商周出版 : 家庭傳媒城邦分公司發行, 民106.10　256面 ; 14.8*21公分. -- (東西命理館)
譯自 : Shadowscapes tarot　ISBN 978-986-477-332-9(平裝)　1.占卜　292.96　106017589